なぜ、突然妻はキレるのか？

嶋津良智 著
Yoshinori Shimazu

Forest
2545
Shinsyo

はじめに　妻の言い分「夫は何もわかってない!」

本書を手にしていただき、ありがとうございます。私は「感情マネジメントが、どう人生や仕事の成果に影響を及ぼすのか」について長年研究し、その経験から上梓した『怒らない技術』シリーズは累計で100万部を突破いたしました。

はじめは主にビジネスパーソン向けに研修や講演を行っていたのですが、リクエストにお応えする形で始めた「おこらない子育て」の講演などをきっかけに、女性たちから直接たくさんのお話を聞かせていただく機会に恵まれました。

そうした女性たちの話には、夫に対する不満が多く聞かれました。

たとえばこんな調子です。

「夫は週に数回のゴミ捨てを担当しているだけですっかり家事に参加したつもりになっていてムカつく」

「育児は面倒くさいところはすべて妻に丸投げで、自分は子どもと一緒に遊ぶだけ」

「ふだん家にいるときにはほとんど子育てに参加していないのに、実家に帰省したときや友人の前などでは、イクメンぶりを積極的にアピールしてイラつく」

「産後ダイエットがうまくいかず、体型を気にしているのに、『まだ元に戻らないの？』と、無神経なことを言ってくる」

「『手伝おうか？』の一言もない！」

「子どもの相手を頼んだのに、子どもの隣に一緒に寝そべってスマホに夢中。そのうちスマホを壊してやりたい」

「『美容院に行きたいから子ども見てて』って言ったら、『休日くらい休ませて』って。は？」

「『昼寝できていいね』って言われたけど、私は夜中に何度も起こされているんですけど？　あなたは夜にたっぷり寝ているくせに」

「生ゴミの捨て方を注意したら、『じゃあ、もうやってあげない』って。何様だよ」

「夫は、話し合って決めた家事分担をすぐに忘れる。いい加減にしろ。なめてるのか！」

「家事をやってもらうと最後までちゃんとやらないから結局私が後始末をする。仕事増やすんじゃないわよっ！」

「『これ、やってくれる？』と、家事をお願いすると、『OK！』と言うものの、すぐ行動に起こさない。私がやったほうが早いと思うとイライラする」

「何かを頼むと『疲れてるんだよね』と怒りだす夫。疲れているのは私も同じ。この頃は、腹が立つので口もきかない」

「そもそも家事でも育児でも『手伝う』って何？　夫は、家事を他人事《ひとごと》だと思っている。頼むと、やってあげているという感じでイライラする」

「子どもがぐずぐずしていると、『ママに怒られるよ』を決め台詞《ぜりふ》にして言うことを聞かせる。私を勝手に悪者にしてムカつく」

　こうしてみると、妻の怒る原因は際限なくあります……。それだけで一冊の本ができてしまいそうなので、ここまでにしておきますが、妻に言わせれば、「夫はもうぜんぜんわかってない!!」という怒声が聞こえてきそうです。

ただ、夫のつらさもわかります。なかには、家事にしても育児にしても、手伝おうにもどう手伝っていいかわからないという人もいるでしょう。わからないながらも涙ぐましい努力をして手伝うものの、文句を言われた挙げ句「もうやらなくていい、手を出さないで」なんて言われることもある。だからといって何もしないとますます妻は機嫌が悪くなり、夫婦仲が険悪になっていく……。一体どうしたらいいんだ！　と袋小路にはまっている人もいるのではないでしょうか。

キレる妻、急増中

私はこの本を書くにあたり、以前、ＮＨＫの「クローズアップ現代＋」という番組で、「妻が夫にキレるわけ～〝２８００人の声〟が語る現代夫婦考～」という番組が放送されたのを思い出しました。

番組によると、既婚者２８００人に調査したところ、「キレる妻が増えていて、それを恐れる夫が多くなっているということがわかったそうです。妻が怖いと答えた夫は、「48・2％」。つまり約半数の夫が、妻を「怖い」と思っているというのです。

なぜ怖いかというと、いつもイライラしている、突然キレる、鬼の形相で怒る。さらに「人間としておかしい」など人格を否定したり傷つくような暴言を吐く、モノを投げてきたり暴力をふるう、など深刻なものもありました。

テレビ画面には、「結婚したときと同一人物とは思えない」「どうしてそんなに怒りっぽくなってしまったの？」と困惑している夫の悲しい姿が映し出されていました。

あなたもそんなふうに思っていませんか？

妻恐怖症をこじらせて、「妻が怖い、家に帰りたくない、家にはいたくない」となってしまうこともなきにしも非ずです。

諦《あきら》めるのはまだ早い

誰だって毎日イライラしたいから結婚したわけではないですよね？　理想の形は人それ

ぞれだと思いますが、ほとんどの人はハッピーで穏やかな生活を望んでいると思います。

もちろん人生にはいろいろなことが起こります。常に登り坂とは限らない。自分が苦しいとき、相手が苦しいときもあるでしょう。そんな悲喜こもごもをパートナーと支え合いながら生きていきたい、そんなふうに考えている人が多いのではないでしょうか。


自分は仲良くしたいと思っていても、「妻がどう思っているか、本当のところはわからない」と感じている人もいるでしょう。

妻が本当のところどう思っているかわからないのなら、腹を割って一度話し合うことが必要なときがくるでしょう。いや、話し合う必要が絶対にあります。


「話し合いができるならまだいい。オレの話なんてほとんど聞かずに怒り出して、怒鳴り合いのケンカになってしまう」と言う人もいるかもしれません。

もしそうだとしても、妻とのコミュニケーションを諦めてはいけません。

すでに妻とのコミュニケーションにぎこちなさを感じていたり、相手の怒りの地雷をすぐに踏んでしまうようだと自覚があるのなら、いきなり自分の理想を押し付けたり、接し方を変えても相手は身構えるだけです。

共に暮らしていくなかで、片意地を張ったり、義理で物事をこなしていたら、不平不満がチリのように積もっていきます。その最たる原因は、話し合いの足りなさ、コミュニケーション不足がほとんどです。

妻が幸せならあなたも幸せになる

なぜ妻はいつも怒っているのか。その怒りの原因を探ったり、男女間の考え方や感じ方の違いを知ることで、段階を踏みながら相手とうまくコミュニケーションをとることも大切です。本書では男女間のコミュニケーションについても多くのページをさきますが、最も大切なのは、前述したように、あなたがどのような人生を送りたいのか、何を幸せと考えているのか、というところです。

「自分は幸せで笑顔溢《あふ》れる人生を送りたい。パートナーともその幸福をシェアしたい」。そういった自分の「幸福の形」が常にあるからこそ、相手とのコミュニケーションを考える意味もありますし、相手の言動に憤りを感じたときでも、冷静になれるというものです。

なんで男ばっかり歩み寄らなくちゃいけないんだ！　と、不満に思っている人もいるでしょう。よく女性は「男は仕事だけしてればよくていいわね」と言ったりしますが、男は男なりに外で大変な思いをしているものですよね。私も男ですから、その気持ちはわかります。家に帰って愚痴の一つも言いたい日もあるし、女房のイライラになんて付き合いたくない、オレだって疲れているし大変なんだと言いたいのが本音ではないでしょうか。妻の立場からすれば、共働きの夫婦も多いですから、仕事に家事に育児にと三重のストレスがのしかかって「なんで私ばっかり」と感じてしまうのでしょう。そのストレスを身近なあなたにぶつけているのかもしれません。

人は起きている時間の80％はなんらかの形で人と関わっています。妻や恋人など特別な人の存在は、そのなかであなたの幸福を大きく左右するキーパーソンです。反対もしかり。

あなたが彼女のイライラの受け止め方を変えることができたら、彼女の幸福感も変化します。

自分の幸福について真剣に考えるのなら、周囲の人を幸せにしないと、自分も幸せにはならないということなのです。では具体的にどうしたらいいのか。

そのカギを握っているのが感情のコントロールです。

幸福な結婚生活のキモ

身近であり、大切であるからこそ、時に怒りが増幅することもあるものです。

「オレは短気なんだ」とか、「口より先に手が出てしまう」などと、悩んでいる人もいるでしょう。でも安心してください。

いまでこそ私は感情マネジメントの講師として、「ケンカが絶えない」「相手に手を上げてしまった」という人たちの相談にのっていたりしますが、若かりし頃は、会社でKKDマネジメントをやっていたタイプの人間でした。KKDとは私の造語で「恐怖」「脅迫」「ドツキ」のことです。それで部下をまとめようとしていましたから、上司から「おまえの普通と部下の普通は違うんだぞ」と言われたことがありました。

そんな私ですから、結婚した当初も、妻と話をしていると「私はあなたの部下ではない」と言われたことが何度もありました。妻はただ「話を聞いてほしいだけ」なのに上から目線でいろいろ話して相手のよき理解者になっているつもりでいたこともあったのです。

でも、いまは自分で感情のコントロールができるようになり、以前と比べたら格段に妻との関係も良好になったと思っています。

「他人と過去は変えられない」とはよく言ったものです。

「妻の洗濯物のたたみ方が気に入らない」とイライラすることがあったとします。あなたが違うやり方を提案して、本人が「そのほうがいいね」と納得すれば、変わることもあるかもしれませんが、100%こちらの思い通りに相手が変わってくれるとは限りません。

そういう自分の価値観に縛られてイライラしていることもあるのです。それよりも、変えることのできる「自分」と、二人の幸福な生活という「未来」へのアプローチに注力していくこと。そのほうが何倍も合理的で効果的です。

そのためには、「自分」の怒りのコントロールの仕方を覚えること。自分の「考え方」や「こだわり」が怒りやストレスを招きやすいものになっていたら、修正していけばいいのです。

人生の時間は限られています。貴重な時間をイライラや怒りに費やすのは本当にナンセンスです。

互いの幸福のためにも、感情のコントロールを学んで、二人の幸福な未来をいまから築いていきましょう。

はじめに　妻の言い分「夫は何もわかってない！」 3
キレる妻、急増中 6
諦めるのはまだ早い 7
妻が幸せならあなたも幸せになる 9
幸福な結婚生活のキモ 11

第1章 妻を怒らせる原因はどこにある？

止まらない夫へのイライラ 24
定番 家事のイライラ 25
最近急増 スマホのイライラ 26
避けて通れない 育児のイライラ 27
妻のイライラの原因の一つは不公平感 28
妻の怒りは二人の問題 30

第2章 妻と夫の「違い」が怒りを生む

怒りの9割は価値観の違い 36
①仕事と家庭(私)のどっちが大事? 38
②女性は仕事を続けるか? 専業主婦になるか? 40
③部屋はきれい好き? 散らかしOK? 44
④浪費家タイプ? 節約家タイプ? 49
⑤子どもをもつ? もたない? 54
なぜ、わざわざ価値観の違う人と一緒になるのか 57
一体どこまで譲れるだろうか 59

第3章 そもそも女と男はこんなに違う

脳の違いに注目してみる 62
女性が男より「細かい」「神経質だ」と感じるのはなぜ？ 63
女性が古いことをよく覚えているのはなぜ？ 64
女性は共感されたい生き物 66
女性の「どっちがいい？」の正しい答え方 69
女性はおしゃべりでストレスを解消できる 70

第4章 もう一度、妻と仲良くなる4ステップと7スキル

二人の共通の価値観をつくっていこう 74
STEP 1 日頃からコミュニケーションをとる
～共通の価値観の積み上げ 77
STEP 2 違和感の伝え方
～異なる価値観の擦り合わせ 80

STEP 3
擦り合わせられない価値観の対処法
～違和感の受容 …… 84

STEP 4
幸せの価値観を開示し合う
～二人の価値観を発展させる …… 93

お互いのこだわりを定期点検する …… 103
WORK 「幸せの価値観開示」ワーク …… 105
深いテーマは時間をさいて …… 107
「言わなくてもわかるはず」は妄想 …… 109
熟年離婚はコミュニケーション不足の結果 …… 116
「面倒くさい」は幸せの放棄 …… 120
一生わかり合えない夫婦をつなぐもの …… 121

SKILL 1
妻が笑顔になる雑談術①
～魔法の言葉でコミュニケーション不足解消 …… 124

SKILL 2 妻が笑顔になる雑談術②
～妻に言ってはいけないＮＧワード……126

SKILL 3 妻が笑顔になる雑談術③
～口下手ならＬＩＮＥがおすすめ……128

SKILL 4 妻が笑顔になる雑談術④
～褒められて悪い気がする妻はいない……133

SKILL 5 妻が笑顔になる雑談術⑤
～一見ムダな話が大事……135

SKILL 6 妻が笑顔になる雑談術⑥
～「ありがとう」を言い過ぎて損はない……137

SKILL 7 妻が笑顔になる雑談術⑦
～あえて自分のイヤなところを聞いてみる……140

第5章 キレる妻をもつ夫の秘策

妻の怒りに乗っからない 144
三つのイライラ対処法 145
自分の感情は自分で選べる 150
誰もがマイルールをもっている 153
イライラしだした妻に効く一言 155
自分をイライラさせるのは自分しかいない 158
ずっと変わらず幸せがある場所 162
心のハンドルを唯一握れる存在 164
TRY 焦点を変えてみる
～マイナスからプラスにフォーカスを変えてみよう 165
パートナーは鏡のなかの自分 168

第6章 妻との仲を深めるときは

妻のマイナスは自分のマイナス 170
妻は思い通りに動かない 176
相手軸に立つ第一歩 179
幸福感が生まれるコミュニケーション 184
妻、夫、子ども。複数コミュニケーションのコツ 187
勝ち負けを争う議論は不毛 193
喜ばれるコミュニケーションとおせっかいの境界線 196
イライラの奥の本音を感じる 199
古典的だが「書き出し」は効く 202

第7章
妻の機嫌を損ねたら

CAに学ぶ「妻への神対応」 206
「大きな耳、小さな口、優しい目」で話を聞く 209
妻との仲を好転させる言葉 215
妻の反応が悪いにかける言葉 219
妻の「明るい顔、明るい声」を生むもの 223
つい怒りが引っ込む「奥の手」 226
タダなのに効果絶大な「お土産」 229
謙遜はいらない 232
WORK パートナーのいいところを見つける 234
妻の笑顔は家族に波及する 239
おわりに 242

第1章

妻を怒らせる原因はどこにある？

止まらない夫へのイライラ

夫婦一緒に暮らしていると、お互いに不満は出てくるものです。特に家事や育児に追われる妻たちは、夫の些細《ささい》な言動に日常的にイライラを募らせています。

しかも、男性からしてみるとその怒りの原因はなんだかわからなかったりします。理由を聞くとさらに怒ったりする場合もあるから、「触らぬ神に祟《たた》りなし」というような対処をするほかない、という男性もいるかもしれません。

男性からしてみれば理不尽な怒り方をする彼女たちは、一体何を考えているのか?

まずそこから考えてみたいと思います。

ちっとも面白くないかもしれませんが、まず、夫の怒られエピソードから、妻のイライラの原因を探ってみましょう。

定番

家事のイライラ

「お互い働いているのに、『結局、私ばっかり家事してない？（怒）』とマジギレされた」

「『使ったティッシュをなんでテーブルに置いとくの？　すぐゴミ箱に捨てて‼』といつも怒られる」

「洗濯かごを見て、『また服が裏返しになったままじゃない（怒）。干す人の気持ちを考えてない！』と怒られた」

「食器洗いを頼まれてやったはいいが、『ぜんぜん汚れが落ちてない。やるならちゃんとやって』と怒られる」

「休日に料理をしたら、後片付けのとき、『調味料が出しっぱなし、野菜用のまな板と包丁で肉を切ったでしょ！』と、すごい剣幕で怒ってきた」

「掃除機のかけ方、テーブルの拭《ふ》き方が甘いと言われた。具体的にどの程度を目指したらいいか聞いたら、『いつも私がやってるでしょ。見てないわけ？』と怒られた」

「『いろいろやってくれるのはいいけど、続かないのやめて』とつれなく言われた」

最近急増

スマホのイライラ

「帰宅してやっと一息ついてスマホでYouTubeを見ていたら、『またスマホ！』と怒鳴られた」

「子どもをあやしながらスマホを見ていたら、『子ども抱きながらスマホ触ってるなら抱かなくていい』と子どもを取り上げられた」

「スマホでゲームしながらリビングで寝落ちしてしまった。夜中授乳に起きてきた妻に思いっきり蹴飛《けと》ばされた」

「『食事にする？』と言われ、『うん』と返事してスマホがひと段落してからテーブルに行ったら、俺の分はなかった。妻は『ずっとスマホしてるからお腹すいてないのかと思った』とイヤミ。ほんの2、3分だったのに」

「ゲームに夢中になって課金が1万円を超えてしまった。翌月請求を見た妻が激怒。3か月小遣いを減らされることになった」

避けて通れない

育児のイライラ

「休日にいつもよりゆっくり寝ていたら、『いつまで寝てるの！　休みの日くらい子どもをみて』とふとんを剥《は》がされた」

「帰宅したとき、普通にドアの開け閉めをしたつもりが、『うるさい！　子どもが起きちゃうじゃない。静かにして』と怒られた」

「子どもが泣き出したから、抱っこしようかなとそばに行きかけたら、妻がすっとんできて『ちゃんと見ててって言ったでしょ。遅い！　もういい』と機嫌が悪くなった」

「『なんか泣いてるけど。オムツ替えてほしいんじゃない？』と言ったら、イライラした顔で『あなたはこの子が機嫌のいいときだけしか相手しないよね』と言われた」

「『子どもと遊んで』と言うから、子どもの好きなアンパンマンをテレビで一緒に見ていたら、ただテレビを観ているだけじゃない、それは遊んでいるとは言わないと怒られた」

妻のイライラの原因の一つは不公平感

夫が怒られるエピソード、妻の怒りエピソードを羅列していて思ったのは、妻が感じている、強烈な「不公平感」です。

特に仕事をもつ妻にとっては由々しき問題となっています。厚生労働省の調べによると、いまや共働きは、専業主婦の1・5倍。もはや、こちらが多数派です。

ところが、国立社会保障・人口問題研究所が5年ごとに実施している「全国家庭動向調査（2018年）」では、夫の長時間労働は相変わらずで、料理や掃除などの家事に充《あ》てる時間は、平日で夫37分に対して、妻は7倍の4時間23分。妻の1割にも満たない実態があるのです。休日でも、夫1時間6分に対して、妻は約4倍の4時間44分です。

仕事を辞めて家庭に入った妻たちも、大きな不公平感を感じていることがあります。

ある女性相談者さんの話です。彼女は子育てを機に専業主婦になりましたが、夫に対して、「私だって仕事で輝いていた時期があるのに」という不満をじょじょに抱えるようになったと言っていました。

「夫がはりきって仕事をしてくれるのはうれしい。家族のために頑張ってくれていると感謝もする。だけど、私だってもっと活躍できたのではないか、夫のサポート役に徹して時間が過ぎていくことに焦りやジレンマを感じて、イライラを募らせてしまうことがある」と言っていました。

現代の子育ては「孤育て」と言われることがあります。仕事が忙しい夫は帰りが遅く、独りで子育てをする女性は思う以上に孤独なのです。仕事を離れ、実家からも遠かったりすると、一人子育てに追われながら、自宅と近所など限られた生活圏に閉じこもって思い通りにはいかない子どもと向き合うだけの日々。無力感や焦燥感にかられるのも想像がつきます。周りに相談相手がいなければ、夫にストレスや怒りの矛先が向いてしまうのもある意味しかたないのかもしれません。

でも、見方を変えたら夫はそれだけ頼りにされていると言えないでしょうか。本当はいちばんわかってほしい相手なのに、なかなかわかってもらえない。気持ちを受け止めてもらえない。そこに彼女たちの怒りやストレスがあるのではないかと私は感じます。

妻の怒りは二人の問題

では具体的にどうしていったらいいのか。

私は、女性が男性に対してイライラするそのいちばんの理由は価値観の違いにあると思っています。もし夫婦の価値観が同じ方向を向いていれば、不公平感を減らすことができます。

しかし、価値観というものは本来違って当然です。同じ家庭に育った兄弟姉妹でも、経験することや出会った人によって価値観は異なるのですから、もともと他人の夫婦なら言うまでもなく違って当然といったところです。でも、一緒に暮らしていると、そのことを忘れてしまったり、自分のことは言わなくてもわかってくれているはずと都合よく思ってしまったりする。そして、双方が自分の価値観で相手を見るからそれに合っていないことが起こるとイライラにつながっていきます。

価値観がひどく違ううちはお互いの主張はいつまでも平行線のままです。そういった意味で、結婚したら双方の価値観を明らかにすることは重要です。

特に子どもができたりしたら、二人暮らしのときのままの考えではいられないことが多々あります。とはいえ、一方だけが我慢ばかりするのはおすすめできません。私の考えでは、夫婦がそれぞれの考えを開示し、歩み寄りや理解をするためにコミュニケーションをはかることは欠かせないと思っています。

相手を理解する努力も必要です。「結婚生活も長くなると、特に話すことがない」あるいは、「うちはお互いに相手のことを知り尽くしているから心配ない」と豪語する人もいます。話すことがない？　知り尽くしている？　それは本当でしょうか？

人が人の気持ちを理解することは、思いのほか難しいものです。一人の人間を心底理解するなんて一生かかってもできないと思います。そのためにも相手に関心をもち、対話することは必須《ひっす》なのです。

加えて、生物的な男女の違いがあることを知っておくとよいでしょう。

男は、そばにいる女性が機嫌がいいと、それだけで幸せだったりするものですよね。もしこの本を読んでいる女性がいたら知っていてほしいのですが、男はそれくらい単純な生き物だったりするんです。

ただ、女性はそうじゃない。「オンナゴコロと秋の空」という諺《ことわざ》があるくらい、女性の心模様は変わりやすいものと言われます。口では「怒ってないよ」と言いながら、本音では「冗談じゃないわ」と怒りが沸騰していたりするなんてこともある。男性からすると、はっきり言って複雑すぎます。

つまり、そもそも男女では脳の働きが違うため、怒りのポイントも違うし、感情表現の仕方も変わるという話です。私は脳の専門家ではありませんが、自分が感じた男女の感じ方や考え方の違いをお伝えしたいと思います。

価値観が違う。脳の働きが違う。だからしょうがない、では妻の怒りは鎮められませんし、夫婦関係は一向に改善されませんね。

そこで、第2章、第3章では妻と夫、女と男の違いを述べ、それらを踏まえて怒りのコントロールをしながら、どのように女性とコミュニケーションをしていけばいいのか、第4章以降でお話ししていきます。

第2章

妻と夫の「違い」が怒りを生む

怒りの9割は価値観の違い

私は仕事柄、多くの相談者さんから夫婦の悩みを打ち明けられます。そこから見えることは、妻のイライラは、夫であるあなたとの価値観の違いから生まれるものがほとんどだということです。

価値観とは、「個人個人が自分のなかにもっているものの見方や考え方」のことです。もっと平たく言えば、その人にとって「何が重要で、何が重要ではないか」ということ。つまり、価値観の違いは物事に対する重要度の違いです。

たとえば、妻にとって結婚記念日はとても大切で、毎年お祝いしたいと思っているとします。でも当日、夫はすっかり忘れていたりする。すると、妻は「結婚記念日を忘れられるなんて、信じられない！」となって怒る。これはこの二人の記念日に対する重要度の違いなのです。

同様に、なんにでもきちんとしている人は、物事にゆるいパートナーが気になります。お金に細かい人は散財する人が気になります。時間を守る人は時間にルーズなパートナーが気になります。

人の価値観は、生まれ育った環境や個人の性格や人との出会いなどにより培われていくものですから、まったく同じ人なんていません。冷静に考えれば価値観は違って当たり前だとわかると思うのですが、夫婦になると、身近な分だけ自分の価値観に合わない相手についイライラしてしまうのです。

ここで、夫婦間に起こりやすい代表的な「価値観の違いあるある」を五つ挙げてみましょう。できたら、これから結婚・再婚する人にも知っておいてほしい部分です。

①仕事と家庭（私）のどっちが大事？

「結婚したからこそ、仕事を懸命にやってガンガンお金を稼ごう。生活を安定させるためにはまず仕事」と考える男性は多いのではないでしょうか。安定した収入があってこそ、ほしいモノが買えるのだし、子どもの教育だってできるのだとも考えられます。

一方最近は、収入はそこそこでもいいから、家庭を優先してほしいと考える女性が増えてきていると言います。あなたたち夫婦の考えはどうでしょう。

価値観は時代とともに変化し、女性がパートナーに求めるものも変わるものです。

30年ほど前のバブル期は、高学歴・高収入・高身長の「三高」男子がもてはやされました。その後、平成に入り社会の景気が低迷してくると、女性が結婚相手に求める条件は、平均的な年収、平凡な外見、平穏な性格の「三平」になりました。

平成後期、ある生命保険会社が２０１２年（平成24年）に行った調査では、結婚相手の条件は「四低」にあると言われていた時期もあります。

「低姿勢（いばらない）」「低依存（家事や子育てを妻に任せっきりにしない）」「低リスク（公務員な

どリストラにあうリスクが少ない職業についている）」「低燃費（無駄遣いをしない）」です。

そして、某婚活支援サービスの調べによると、いま20～30代半ばの婚活中の女性には、暴力しない、借金しない、浮気しないの「三NO男」が人気だそうです。

注目すべきは、時代を経て女性の求めるものが「高」→「平」→「低」→「無」になったことです。「～しない」男性をパートナーに望んでいるというのは、男性に対して金銭面や外見、その他の社会的なスペックを多くを求めるより、「穏やかに暮らしたい」など、性格の優しさや、人として最低限のことを求めている女性の意識が表れているように感じます。この調査は、結婚前の女性を対象としていますので、すでに結婚している人にも当てはまるとは言い切れませんが、結婚している人たちも時代の変化は感じているはずです。いま30～40代の子育て世代の多くは、共働きで家事・育児は夫婦で分担と、男女の役割が昔とは変わりつつあります。

結婚当初は夫に仕事優先を望んでいた妻の考えも、「協力し合っていける」「家族を優先する」などと変化している可能性もあります。

②女性は仕事を続けるか？　専業主婦になるか？

結婚しても仕事を続けたいという女性もいれば、専業主婦になって家のことに集中したいという女性もいます。いまは、女性にも仕事をしてもらって稼いでほしいと考える男性も多いようです。

その考えが夫婦で一致していれば問題ないのですが、こんな男性がいました。

彼の母親は専業主婦で、父親が帰宅するまでは必ず起きていて、どんなに遅くなっても食事や風呂の世話をしていたそうです。男は仕事が何より大事、男をいかに気持ちよく仕事させるか、というのが妻の役目という考えをもっていました。

彼自身そういう家庭に育ったので、結婚したら妻は仕事を辞めて当然と思い込んでいたし、母親が父親にしていたように上げ膳《ぜん》据え膳で尽くしてくれると思っていたそうなのです。

彼は妻と知人の紹介で知り合い、交際1年半で結婚しました。妻は仕事を辞めましたが、しばらくすると起業したいと言い出しました。彼にしてみるとまったく意味がわかりません。

話し合いは平行線をたどり、そのなかで彼は「君には家を守る仕事があるじゃないか」と言いました。

妻は「あなたは何もわかっていない」と言って独身時代に貯めたお金で勉強を始め、起業の準備にとりかかりました。ある日、妻から今後は家事を分担したいと申し出がありました。彼は「こんなはずじゃなかったのに」と、騙《だま》された気分だったそうです。現在二人は、新婚2年目にして別居しています。

本来、二人の将来設計に大きく関わることは、自分の夢や希望も含めて結婚前に話し合っておいたほうがいいでしょう。

こんな専業主婦の女性もいました。一流商社に勤める旦那さん45歳が、なんの相談もなく突然会社を辞めて田舎で農業をすると宣言したそうなのです。

息子は二浪中。医大を目指しており、まだまだお金がかかります。夫の言い分はこうです。

「これまで家族のために十分尽くしてきた。お金の管理を任せてきたし貯金もあるだろうから、後はそれでやりくりしてほしい。田舎に来たければくればいいし、来たくなければ離婚してもいい。これ以上家にお金は入れない。家を処分してもいい」

旦那さんの一方的な方向転換に、女性は怒り心頭。彼女にしてみたら、自分だってすべての時間を家族に尽くしてきたと言いたいのです。つまり、夫も妻も家族のために自分を犠牲にしてきたと思っているのですね。それぞれが少しずつ不満を溜めていくなかで、夫のほうの限界が先に訪れたのでしょう。


よくよく聞いてみると、男性は仕事人間で家庭は妻に任せきり、会話も子どもに関することぐらいで、長い間寝室も別だったそうです。「なぜ一緒にいるのか？」とふと疑問に思うこともあったそうですが、夫はちゃんと毎月お金を入れてくれているし、外に女性の影を感じることもなかった。賭《か》け事もしない。面白味はない人だけど、子どももいるし、離婚という選択肢は浮かばなかったと言います。

女性の育った家庭というのも、父親は母親に家事一切を任せきりの仕事第一人間。旦那さんに似たタイプで、一緒に遊んだ記憶がほとんどなかったそうです。だから、「男の人はそういうものなんだ」と思い込んでいた、とおっしゃっていました。

誰もが無意識に目の前のパートナーと自分の親のあり方を比べています。それで「この人はおかしい」と思ったり、「これでいいんだ」と納得していたりするのです。

でも本当は、「親は親」「自分たちは自分たち」と、別に考えてみるところではないでしょうか。自分の親と自分のパートナーは別の人間です。どちらの育った家庭が正しい、間違っているということもありません。

「こうあるべき」と決めつけないことが大切です。妻に求める役割、夫に求める役割なんてものはありません。それは二人で話し合って価値観を擦り合わせていけばいいことです。

③部屋はきれい好き？　散らかしＯＫ？

ミセス向けの情報番組などを見ていると、「夫のイヤなところランキング」といったものをやっていることがあります。そのとき必ずトップにランクインしてくるのが、「夫が片付けられない」という問題です。

「夫がそこらじゅうにモノを置くから片付かない」「夫が着ない服をなかなか処分しなくて困っている」「ゴミをゴミ箱に捨てないで置いたままにする」「衣服・靴下などを脱ぎ散らかす」「使ったバスタオルを所構わず置く」など、片付けられない夫に対してイライラを募らせる妻は少なくないものです。これは、耳が痛いと思う男性も多いかもしれませんね。

最近では、旦那さんの散らかしたゴミを淡々とポストするインスタグラムのアカウント「旦那の散らかした物をＵＰするアカウント（時々　むすめ×旦那）」が人気で、女性たちの共感を集めているそうです。どれだけ世の妻たちが夫の散らかし放題に手を焼き、イライラしているのかがわかります。

生活空間において、個人の許容できる清潔感は違います。部屋の片付け具合というのも価値観の違いが表れやすいところなのです。そして、結婚前に同棲《どうせい》でもしていない限り、その違いはわかりにくかったりします。

男の側からしてみると、多少散らかっていたって死ぬわけじゃないし、いいじゃないか。ティッシュ一つでガミガミ言う妻は神経質すぎると思っていたりする。一方、妻はあなたを「だらしない」「なんでゴミすら捨てられないの」と思っている。これも価値観の違いなのです。

きれい好きの夫、片付けられない妻というカップルもいるでしょう。

ある女性は、片付けられないがために夫の怒りがマックスに達し、離婚問題が浮上していると相談に来ました。片付けに関する本を何冊も読んでみたけれど、どこから手をつけていいかわからない。簡単なようで難しいととても悩んでいました。

日本では昔から、片付けや掃除は女性の得意分野、できて当然という価値観があります。

ですが、必ずしも女性全員ができるわけではありません。

なぜ彼女が片付けられないか、よくよく話を聞くと、炊事洗濯、子育て、さらに仕事もしていてキャパオーバーになっていて時間的・精神的余裕がないという部分が大きかった。その状況は、彼女ばかりを責められません。

それに部屋を空間と捉えたら、空間認識は、女性よりも男性のほうが得意とも言われていますから、男性でも片付けや整理整頓《せいとん》が得意な人もたくさんいます。

片付けられない妻たちは、「女なのに片付けすらできないなんて」というイメージから、罪悪感に悩んでいたりもします。相談にきた女性もすっかり自分に自信をなくしてしまっている様子でした。ですから、妻のそうしたデリケートな部分を責め立てるのは夫として地雷直撃。気を付けるべきところです。

視界が雑然とし、動線が不便な状態は、自覚している以上に精神的なストレスを生むものです。住人はストレスやイライラを抱えることになり、言葉がトゲトゲしくなったり、重たい空気が家中を支配するでしょう。

しかし、夫と妻、どちらかが片付け下手で、相手に日々イライラしているとしたら、どこかで割り切る必要があります。

どうすれば部屋をきれいに保つことができるか、冷静に話し合うことは大切ですが、掃除を含めた家事全般は、一朝一夕でできるようになるものではありません。ましてや相手はそれが苦手な人なのです。

もし妻があなたの散らかしっぷりに目くじらを立てているようだったら、どこか一つだけでも、片付けるようにしてみてはどうでしょうか。たとえば、「玄関の靴だけは揃《そろ》える」「服は必ず脱衣場で脱ぐようにする」「ゴミだけはすぐにゴミ箱に捨てる」などです。はじめから全部きちんとしようとしても、いままで無頓着《むとんちゃく》だった人はきっとできません。

反対に、あなたが片付けられない妻にイライラしているとしたら、あなたの部屋や趣味のスペースだけは自分が気が済むようにきれいにして、妻は不介入にしてみてはどうでしょう。もう一か所付け加えるとしたら、トイレ、バスルームといった小さな密室はあなたがきれいに掃除して、他は目をつむるのです。パーソナルなスペースが常にスッキリしていると人の心は落ち着くものです。

きれい好きな男性は、ぜひとも自分がイニシアチブを取って家の整理整頓や動線の見直しにもチャレンジしてください。

もしそれを実行して、家の片付け担当を妻に代わってあなたが引き受けるのであれば、イヤイヤやらないことがポイントです。

イライラしながら恩着せがましく掃除をすると自分もうっぷんがたまりますし、それを見ている妻もはじめはうしろめたさを感じて静かにしているかもしれませんが、そのうち「イヤならやらなきゃいいじゃない。イヤミな男ね」と間違いなくムカついてきます。

先の相談者の女性のようにキャパオーバーなのなら、時々家事代行サービスを頼むなどしたほうが、夫婦ともどもストレスが軽減されるのではないでしょうか。

「たかが掃除、されど掃除」です。実際に部屋が汚いことで離婚を考える人も一定数いるということは事実ですので、歩み寄る価値は大いにあるはずです。

④浪費家タイプ？　節約家タイプ？

「金の切れ目が縁の切れ目」という言葉もある通り、夫婦の金銭感覚＝お金に対する価値観があまりにも違う場合も日常的にイライラが起こりやすいものです。

身近な話だけでも、「普段使うものは安いもので構わない夫、よいものを長く使いたい妻」「ほしいものはすぐ買う夫、よくよく考えないと買わない妻」「見栄を張って後輩におごる夫、基本割り勘が当然と思っている妻」「外食が大好きな夫、外食は贅沢《ぜいたく》だと考える妻」などたくさんあります。

お金の問題は、ギャンブルや借金にまで発展すると離婚原因になることも多いものです。ある女性は、夫の浪費癖にイライラしていました。

誰もが振り返りたくなるようなイケメンの夫は、妻の自慢でもありましたが、新婚生活がスタートし、しばらくすると、彼女は見かけないブランドバッグや時計を頻繁に目にするようになりました。そのペースは半端ではなく、10万円以上もする高級品が毎週のように増えていったのです。

「そんなに買い続けて、家計は大丈夫?」と注意しても、彼は「僕の稼ぎからだから大丈夫」といってやめようとしません。共働きの彼らは結婚する前、家計について取り決めをしていました。家賃は夫もち、光熱費と食費は彼女もち、車のローンは夫、二人の将来のための保険や貯金はそれぞれ各8万円などです。その他のお金はそれぞれが自由に使うスタイルです。

そこに、彼の借金が発覚します。その額300万円です。彼の年収は500万円、妻の年収は300万円。夫婦二人で暮らすには十分な金額でしたが、ブランド品を買い続ける夫はそれでは足りず、妻に隠れて借金をしていたのです。

しかも、夫は300万円の借金を延滞し続け、遅延金を含めて借金は380万円に膨れ上がっていました。妻に問い詰められて「もう二度と借金はしません」と誓ったのですが、妻が借金を肩代わりした後、また2か月もしないうちに100万円以上のお金を借りてしまったのです。

夫はブランド品や高級時計だけでなく、妻に内緒でギャンブルにも手を出していました。

そんな状況ですから、もちろん、貯金なんてありません。結局のところこの二人は、離婚に至りました。

借金癖や浪費癖のある人というのは、癖になっているのですから、根本の原因を解消しない限り繰り返す傾向があるといいます。

本当に自分の浪費癖を直したいと思うのであれば、専門家に頼るのも一案ですし、妻に一切のお金の管理をお願いしてお金の元栓を締めてしまうくらいの徹底した対策が必要な場合もあります。給料をおろせる銀行のカードは妻に渡し、週払いのお小遣い制にするなどです。また、共有クレジットカードにして、使うたびに妻にメールが届くような設定をして、自分の出費が度を越さないように監視してもらうようにする手もあります。

また、浪費がストレス発散になっているとしたら、お金のかからないストレス発散法を一刻も早く探すべきでしょう。

趣味に対してどれだけお金をかけるかについても同じことが言えます。

他人から見ると、なぜこのようなものにお金をかけるのか理解できないものであっても、本人にとってはかけがえのない人生の楽しみであることはよくあります。
ある男性の趣味はゲームです。携帯ゲームに没頭するのが息抜きであり、唯一の趣味だと言います。ただ、妻からは「いつもスマホばっかり見ている」と小言を言われています。最近は、「いくらゲームに使っているわけ？　貯金に回してほしい」「帰ってきてもゲームばかりで、育児に参加しないので腹が立つ」と風当たりが強くなってきていました。前述した妻のイライラエピソードのように、夫のスマホ依存にイライラしている妻は多くいますから、あなたも他人事ではないかもしれません。

長時間のプレイに対する妻の不満は、「パソコンやタブレットばかり見るのではなく、もっと会話をしてほしい」といったコミュニケーションを求める声ではないでしょうか。あまり一人の世界に没頭せず、妻や子どもとのコミュニケーションもとる時間を意識したり、過剰な課金についても、「いくらまで」と夫婦で決めるなどしたほうがあなたも気持ちがよくゲームができるのではないでしょうか。

ある男性は独身時代に萌《も》え系アニメキャラクターのフィギュアを膨大にコレクションしていました。結婚して妻と一緒に住むとき、それらも一緒に入居しようとして相手の怒りを買ったといいます。そこで、交渉し「棚一つ分まで」という制約をつけて他は全部捨てたそうです。彼はいまでもそのルールを守ってなんとかやりくりしているそうです。

お金が関わってくることや大事な趣味については、どこで折り合いをつけるか、二人で話し合うほうが賢明です。

これも本来は結婚する前に話し合うほうが何かとスムーズですが、すでに結婚していて、夫婦でお金の話し合いをしたことがない人は、これからでもライフプランを立てながら未来のお金について考えて損はありません。

結婚資金、子どもの教育費、家の購入費、旅行費、老後資金、いざというときのための貯蓄といった具合に、人生のイベントや大きな支出が必要な項目を考えると、あなた自身が、そして妻が何を望むか、そのためにそれぞれにいくら必要なのかがわかってきます。

たとえば、子どもの教育費は、幼稚園から大学まで、一人当たり平均1200万円程度必要といわれています。公立か私立かによっても違いますが、子どもの数が増えれば当然かかる費用も増えてきます。無駄遣いをして妻に怒られている場合ではなく、夫婦でしっかり現実を見据えていくことが大切だと気づくはずです。

⑤子どもをもつ？　もたない？

ライフプランとも関わってきますが、子どものいる人生を望むか、いなくてもよいと考えるか、その価値観によって夫婦の生き方は大きく変わります。

妻は子どもがほしいのに、旦那に子どもはいらないと言い切られたら、出産年齢にリミットのある女性には大問題です。

反対に、子どもがほしいと思う男性と、そう思わないという女性もいます。

自分は三人兄弟だから三人ほしい夫と、子どもは一人で十分という妻といったように、子どもの数について意見が違う場合もあるでしょう。

子どもをほしい、ほしくない、その理由はそれぞれで、デリケートな問題を含むこともありますが、夫婦だからこそ本音で話すべき事柄です。ほしくてもできない以前の問題で、子どもがほしい、ほしくないという考えは結婚前に相手に伝えておくべき事項だとも思います。

ある結婚3年目の夫婦の話です。30歳の妻は一日でも早く子どもがほしいと思っていますが、夫は「もう少しお金が貯まったらつくろう」と濁していました。妻の焦りは日に日に増し、毎日イライラしています。夫がなぜ子どもをもつことに積極的になれないかというと、子ども中心の生活になるし、お金もかかる。しょっちゅうイライラしている妻を見て、思い通りにならない子どもができたら余計にイライラして自分にも当たり散らすのでは、と恐れていました。

このケースは、まずそれぞれが、お互いの幸せや二人の幸せを慮《おもんぱか》ることがなく、自分の気持ち、自分の幸せを主張し合って平行線をたどっている、特に夫が妻の女性として子どもがほしいという切実な思いにちゃんと向き合っていないことが気になります。

実際に夫が心配しているお金の問題を含め、出産後の生活がどのように変化するかなど、二人の間で話し合うべきです。

たとえば、子どもが生まれたらどのように育てたいのか、そのためにはいくら必要か、妻がイライラを溜め込まないように土曜日はエステや美容院の日にしよう、夫も金曜の夜はジム通いをして一人になる時間と健康づくりをしようなど、建設的な話をしてみることです。

「子どもは生まれてみたらかわいいと思うもの」と言ったりもしますが、実際は大変なことも多いものです。二人だけの生活とは様変わりします。特に女性は出産することで肉体的にも消耗しますし、ホルモンバランスの変化などで感情のコントロールがしにくくなり産後鬱《うつ》になるような方もいます。不安を煽《あお》るつもりはありませんが、産後、育児のハードさから夫婦関係に亀裂《きれつ》が生じる「産後クライシス」に陥る夫婦が増えているのも事実です。

子どもが生まれたら生まれたで、子育てについて夫婦の意見が分かれたりしてケンカやイライラを互いに募らせることも多くあります。

これから子どもをもつという方で、妻との意見の違いに直面している夫は、互いの幸福を高めるよいチャンスというふうに捉えて、いまこそ妻としっかり向き合うことをおすすめします。

なぜ、わざわざ価値観の違う人と一緒になるのか

現在、三組に一組は離婚する日本社会ですが、離婚理由のいちばんの原因は「価値観の

違い」だといいます。しかし、価値観はそもそも違うものなのです。

なぜ、わざわざ価値観の違う人と暮らすのか、と考える人がいるでしょう。そもそも、価値観の同じ人がいると思っていることが幻想なのです。

「隣の芝生は青く見える」に似た感覚で、離れているから価値観が近いように見えるだけです。

向かい合ってみれば、二人の違いが見えてきます。

恋人関係の男女は二人で同じものを見ています。デートで映画を観たり、旅行に行って美しい景色を見たりします。お互いを見つめ合うことが少ないため、楽しいし、傷つくことがありません。

夫婦になると、お互いに見たくないものまでも見えてしまい、つらくなるのです。恋愛はファンタジーですが、結婚はリアリティです。

恋愛時代には相手の実態は見えていないのです。

恋愛時代にパートナーのおならを聞いたことがなくても、結婚すれば日常的に耳にします。

本当のコミュニケーションがスタートするのは夫と妻になってからなのです。

一体どこまで譲れるだろうか

価値観の違いが離婚理由になるのは、価値観の違いが、あまりにも大きく、お互い許せない範囲だということです。

許せない範囲にまで達してしまった価値観の違い、それは夫婦生活を続けていくうちに気がついたことでしょうか？　それとも、結婚前から感じていたことでしょうか？　その多くは夫婦生活を続けてきた結果でしょう。それが事前にわかっていれば、たいていの人は結婚をしないはずです。

はじめは、多少の価値観の違いがあっても、相手のことが好きで、このくらいの違いがあって当たり前、相手を尊重してあげようという気持ちがあったはず。

また、相手を好きだという気持ちのために、価値観を合わせる努力をしていたのではないでしょうか。

しかし、二人の生活が当たり前のものとなり、「相手を慮る」という気持ちが薄れていくなかで、いままで容認してきた価値観の違いが怒りとなり許せない違いへと変化してしまうのです。

相手がこういう人だと考えていたのに、結婚生活を始めてみると実際はまったく違っていたということもあると思います。「こんなはずじゃなかったのに」というパターンです。

結婚生活を始めてから見えてくることや、子どもが生まれたことによって夫婦のあり方が変化し、見えてくる違いもあるはずです。

また思ってもみなかった環境（たとえば、リストラや子どもの非行）になって、はじめて見える、相手との価値観の違いもあります。

いずれにしろ、夫婦関係における価値観の違いは、もう一度相手のことを見つめ直すことで、再び容認できるようになるのかもしれません。

第3章

そもそも女と男は こんなに違う

脳の違いに注目してみる

「男は火星から、女は金星からやってきた」

これはアメリカのベストセラー作家、ジョン・グレイの言葉です。彼のパートナーシップに関する本は世界的にロングセラーで読み継がれています。

彼の言葉からもわかるように、男と女は違う星からやってきたと思うくらい、根本的に考え方や感じ方が違うところがあるようです。

「価値観の違い」と同時に、「男女の心理的な違い」についても知識をもっておくと、「男と女は脳が違うからしかたない」と思えて、イライラや怒りから距離を置く助けになります。

男性女性の根本的な考え方や感じ方の違いを知らないがために、妻に間違ったアプローチをして必要以上に怒らせてしまっていることもあるかもしれないのです。

女性が男より「細かい」「神経質だ」と感じるのはなぜ？

ケンカのとき、男性はよくこんなことを言います。

「女性は細かいことにイチャモンをつけていきなり怒り出します。この間も、私が部屋の電気を消し忘れたことで怒り出しました。釈明しようとしても、ちっとも聞こうとしない。一方的にまくしたてる。そのうち、あなたはあのときもこうだったとか、あのときはこう言ったとか、昔のことを引っぱり出してますます感情的に怒るんです」

一方、女性はこんなことを言います。

「いつも夫は電気をつけっぱなし。注意すると、ああでもないこうでもないと屁理屈《へりくつ》をこねる。意味がわからないから何度も聞くといきなり怒鳴るんです」

これは男女の脳の違いに注目すると、納得です。

女性の脳は、脳梁《のうりょう》の膨大部《ぼうだいぶ》という場所が太く、視覚情報の交換を活発に行うことができるそうです。女性が細かいことによく気づくのはこのためでしょう。

また、女性のほうが言語を司るウェルニケ領野《りょうや》という領域への連絡回線が多いため、ヒアリング能力が高く、流ちょうに話します。

一般的に女性のほうが男性よりも情緒的に細やかな反応をすることが多いのは、脳の前《ぜん》交連《こうれん》という部位で、情動反応に関係する情報交換の度合が増すためと言われています。

女性が古いことをよく覚えているのはなぜ？

「やたら古いことをもち出す」のは、もともと個体よりも種族全体を守ろうとする性格があるためだと言われています。種族保存の感情を生み出す海馬《かいば》の働きが強いためです。海馬は記憶も司っているので、女性は古いことを覚えているのが得意なわけです。

では男性はどうでしょう。

男性と女性でいろいろな認知テストを行ってみると得意・不得意にはっきりした差が出ます。

女性は「知覚速度に関するテスト」「言語の流ちょうさのテスト」の成績がよいのです。

その理由はこれまで述べた通りです。

かたや、男性は「空間回転テスト」の成績がよいのです。

これはブロック図形を頭のなかで回転させたり移動させたりするという課題で、二つ以上の視点から物事を見る力を見るものです。つまり男性はさまざまな問題に対し複眼的な考察ができるということです。

これは日常の問題についても、さまざまな視点から考察できるということです。

一方、女性は空間を把握する能力が、男性に比べて低いそうです。周りの風景を感じ取るのが苦手なため、方向感覚は女性は弱い方が多いそうです。

ですが、男性は女性よりも口ベタです。

女性の巧みな表現力とテンポにはかなわず黙ってしまうこともあります。

だから、男性のせっかくの考察も理路整然と発揮されることなく、単なる「屁理屈」で終わってしまうのです。

女性は共感されたい生き物

妻から「私の話、聞いてる?」とキレられた経験がある男性は多いのではないでしょうか?　夫がちゃんと話を聞いてくれていないと感じると、妻は不機嫌になりやすいようです。

男性にしてみると、正直言って女性の長話はつまらない、女の話にはオチがないと思っていたりするのではないでしょうか。

私は小学校のＰＴＡ活動に数年携わったことがあります。

そこでママさんたちの様子、カフェやファミリーレストランでの女性たちの様子を垣間《かいま》見《み》ています。すると、話をしてはいるが、話題は次々に移り変わり、結論も出さずに終わってしまうことがかなりあります。私は「それでいいの？」と思うのですが、本人たちは「それでいい」と思っているのです。

男性は「考えていること」を口にしますが、女性は「感じていること」を口にするという特徴があります。だから、女性同士の会話ではしばしば「わかる〜〜」という単語が飛び交っているのです。そうやって互いの共感欲求を満たし合い、さらにおしゃべりは盛り上がっていきます。

一方、男性同士の場合、「聞いてほしいだけの会話」はほとんどありません。自分のトラブルは自分である程度解決し、それができないときにアドバイスを求めます。そして目的・目標を決め、アクションプランを立てます。

だから、妻から「ちょっと聞いてよ」と言われると、「悩みか？　解決しなきゃ」と思います。妻の悩みを論理的に分析し、「これが原因だからこう解決すればよい」と答えを導き出そうとするのです。

しかし、女性からすると、それは「うっとうしい」と思われてしまう場合も多いと心得ましょう。

「ねえ聞いてよ」とか「相談に乗ってほしい」と言われても、答えを求めている女性は少ない。ただ聞いてほしいだけの人が圧倒的に多いのです。

女性にとって問題は共感するものであって、解決するものではないからです。

女性の「どっちがいい？」の正しい答え方

買い物などに行くと、妻に「これと、これどっちがいい？」と質問を受けることはありませんか？　過去のガールフレンドたちからでも構いませんが、女性から「どっちが似合う？」などと聞かれたとき、真面目《まじめ》に自分の意見を言ったら不機嫌になられた、かといって「どっちもいいよ」と言っても「いい加減だ」と拗《すね》られた、というような経験をしている男性は多いと思います。

女性が何か質問をしてきたり、「これってどう思う？」と聞いてきたときというのも、真剣にあなたの答えを求めているわけではありません。彼女たちは共感を求めていて、どちらがいいかは本人のなかで大体決まっています。ただ、背中を押してほしいだけだったりするのです。

「なんだよ。答えが決まってるなら聞くなよ（怒）」というのが大方の男性の本音でしょうが、女性にとっては買い物を楽しむためのプロセスの一つだったり、「いいよ」と誰かに言ってもらうことで安心したりするのです。ですから、こういう場合も自分の意見を言う前に、彼女がどう思っているのかをまず聞くことが大事です。

女性はおしゃべりでストレスを解消できる

よく女性は、友達と何時間も話してスッキリした！　と言ったりします。男性からすると、朝から晩まで何をそんなに話すことがあるのか不思議なものですが、女性たちというのは、ストレスがあると、誰かに話を聞いてもらい、共感してもらうことで、脳内を整理している。つまりおしゃべりがストレス発散にもなっているのです。

男女のエネルギーの違い

	男性	女性
問題が起こったら	解決したい	わかってもらいたい
問題の表現の仕方	大きいことを小さく	小さいことを大きく
人生で体験したいこと	自由を体験したい	愛を体験したい
好きな相手から	賞賛されたい	理解されたい
刺激（やる気）になること	チャレンジが刺激	賞賛が刺激
疲れていたら	空っぽになりたい	満たされたい

反対に、男性はストレスが溜まると、黙り込む傾向があります。本来多くの男たちは、何か問題があったり、ストレスを抱えたりすると、まず自分の頭のなかで整理して、解決しようとするものだからです。そこも、男性と女性の真逆といっていいほど違うところです。

ですから、妻が家であなたにいろいろ愚痴ってきたら、まず聞いてあげることが大切です。「つらかったね」「大変だったね」と頷《うなず》くと、「夫は私をわかってくれている」と妻のストレスは和らぎます。

間違っても妻の話もそこそこのうちに、「気持ちはわかるけど、キミの〇〇なところも悪いよね」などと的確に指摘しないことです。大概、自分にも非があることくらい女性はわかっているものです。ただただ聞いてもらいたかったりするらしいのです。なぜなら、女性の脳にとって共感こそ快楽、喜びだからです。夫が愚痴を親身に聞いてくれて、心が落ち着いてくると「私もよくないところがあったわ。愚痴ってばかりもよくないよね」などと自分で終わりにするはずです。

第4章

もう一度、妻と仲良くなる4ステップと7スキル

二人の共通の価値観をつくっていこう

ここでは、第2章でお伝えした価値観について、実践的な話をしていきたいと思います。価値観は違って当たり前だ、と繰り返しお伝えしていますね。だから妻を理解できなくてもしかたないとコミュニケーションを諦めてしまっては、一向に関係は改善されません し、あなたの望むような関係をつくることはできません。

俗に、ドロ沼離婚と言ったりしますが、それは二人の間にできた小さな溝がじょじょに深くなって修復不可能なドロ沼状態になったものであり、はじめはコミュニケーションの欠如から始まったのだと思います。

イライラしてばかりの妻が怖くて寝静まった頃に帰宅するというような夫も、振り返ってみれば普通に会話していた頃があったでしょう。どこかの時点で「あまり顔を合わせないようにしよう」と対話することを諦めてしまったのではないでしょうか。

そうなる以前に、いや、これからでも遅くはありません。まずは夫婦は価値観が違う者同士なのだ、と肝に銘じ、会話を通して「共通の価値観」をつくっていくことが大事だと知ってください。

共通の価値観をつくるベースになるのは、第一に「日頃のコミュニケーション」です。朝起きてから夜寝るまで、あなたはどれくらい妻と会話をしているでしょう。ＬＩＮＥでのやりとりもコミュニケーションのうちに入ります。面倒くさいから、疲れたからと「明日話そう」とやっていると、大体忘れてしまいます。家族だから、いつでも話せると思っていたら大間違い。いつからか、妻がいちばん話がしにくい、理解できない相手になっていたなんて夫婦はたくさんいます。たわいないことでも話をして、会話をしやすい関係をつくっておくことがとにかく大事です。

二つ目は、違和感を伝えることで価値観を擦り合わせていきます。価値観が違う者同士ですから相手の言動を見て、「あれ、おかしい？」と違和感を覚えることは必ずあります。私はなんでもかんでも価値観を擦り合わせる必要はないと考えていますが、二人の幸せ、子どもの幸せに関わることはうやむやにせず擦り合わせが必要だと思っています。

三つ目は、擦り合わせができない考えの対処法についてお伝えします。真剣に幸せになることを考えれば「これは譲れないぞ」というものが、互いに出てきて当然です。どのように生きるか、という部分に関わってくるところですから、それぞれの考えが違ったとしても認め合い、なんらかの折り合いをつけるか、新しい解決策を導く必要があります。それが共通の価値観になる場合ももちろんあります。

四つ目は、日々幸福を高めていくための価値観の開示の大切さやコツをお伝えします。自分がどんなことに幸せや喜びを感じているか、何を大切だと思っているか、相手に知ってもらうためにどんどん伝えていきましょう。双方の意見が出揃ってはじめて共通の価値観ができていきます。

STEP 1

日頃からコミュニケーションをとる

～共通の価値観の積み上げ

大事なことは「ちょっと話があるのだけど」と前置きする

共通の価値観を積み上げていくには、日頃から自分の気持ちや考えを伝えることが大切です。心のなかにイライラのもとを感じたら、それが大きく育つ前に、きちんと、穏やかに伝えます。

食事をしながら、「あのことについてこう考えた」「あれはいいと思った」などと伝えてもいいでしょう。不快なことを妻に伝えるときは、相手の反応をよく見てください。「食事中にそういうことを聞きたくない。ごはんがまずくなる」という女性もいるものです。そういう場合はお腹を満たした後に、お茶でも飲みながら「ちょっと聞いてほしいことがあるんだけど」と切り出したほうがいい場合もあります。

私は妻にちょっと言いにくい話があるとき、「これから話しますよ」という合図を必ずするようにしています。「ちょっと話があるけどいい？」と声をかけて、本人が「いいよ」と言ってから伝えるようにしています。聞くほうも「何か話があるんだな」というマインドセットができ、感情的にならないで話し合えるのです。以前、大切なことをいきなり伝えたため、話は聞くけれど、内容を聞き入れてくれないことがありました。

会社だったら、折り入って誰かに話をするとき、「いま、お話できますか？」などと自然に声かけしている人がほとんどではないかと思います。それと同じことです。

スタンスとして、決して愚痴を言い合っているわけではなく、価値観を擦り合わせるのだという気持ちでいることです。

これは二人の関係が早いうちから意識して行うとよいでしょう。長い間何もしていないと、イライラが溜まっていきます。気づいたときには、かなり離れてしまっていることがあるので、共通理解をもつことが少し難しくなります。

私にもこんな経験があります。あるとき、私が子どもに対して怒っているのを妻が見て、「そこまで言わなくても」と助けに入ったことがありました。

そのあと、私は妻に、「あのとき、なんで俺が怒っていたのか理解している？」と話し、「僕の意図や考えがあるのだから、否定しないでほしい。お互いに疑問に思うことがあるときは、あとで子どものいないところで話し合おう」と提案しました。

こうやって、私たちは共通の価値観を積み上げていくようにしています。

STEP 2

違和感の伝え方
〜異なる価値観の擦り合わせ

互いの幸せに関係する部分は必ず擦り合わせる

二人でいると「心の枠」は二つになります。「心の枠」とは、価値観、自分なりの常識、想定、期待、思惑などです。

相手の言葉、態度、反応、行動が、自分の心の枠のなかに入れば、つまり、共感できれば、「そうだよね」「その通りだよね」と共感できます。でも、相手の言葉や態度、反応、行動が枠の外に返ってくると、「え？　なんで？」「それおかしくない？」と違和感を覚えます。

違和感を感じているうちに、互いの幸せに関係する部分は必ず、すみやかに擦り合わせる必要があります。

たとえば夫婦間のトラブルの原因として、お金の使い方は大きなテーマです。

全国20〜60代の既婚男女６８６名に「夫婦ゲンカの原因」について複数回答で実施した調査結果によると、夫婦ゲンカの原因の第１位は「お金（27・８％）」でした（しらべぇ編集部、２０１７年11月実施）。

お金の使い方は幸せに関係します。擦り合わせがうまくいかないときは、別離に向かう可能性もあります。立て続けに相談なしで大きな買い物をしたり、貯蓄に回す分まで使っていたり、ギャンブルに入れ込んだりすると問題です。

こういうときは自分の不快感を伝えるとよいでしょう。

最初にやってほしいのは、「盗人にも三分の理を認める」ことです。悪いと感じることでも、その行為をする人には必ず理由があります。納得できるかどうかは別として、必ず理由があるので、まずそれを聞きます。

「どうしてそうしたのか、考えを聞かせてもらっていい？」

お金の使い方について夫婦の考え方を確認するのが目的で、不満を相手にぶつける必要はありません。だから冷静に聞きます。こうすることで、あなたのイライラが相手に伝染したり、イライラが怒りへと発展するのを避けられます。

もし聞いた理由が理解できないなら、どうしてほしいかを伝え、決め事をつくります。

たとえば、「5万円以上の買い物をするときは、一言言う」などです。

ただし、決め事をつくるのは相手も納得してくれたときだけです。文句を言いながらでも、合意したうえで決め事をつくります。そうしないと、次のイライラや怒りを生む種をつくってしまいます。


私は結婚した当初は、給料をすべて妻に渡していました。

しばらくして妻に「貯金はいくらあるの？」と聞いたら「あまりない」と言われました。

決して無駄遣いしているわけではないのですが、積極的にお金を貯めていないこともわかりました。

そこで何度か話し合い、私が貯める係、妻が大事に使う係になることを提案しました。

さらには家計のお金の入れ方についても話をしました。

私は月によって収入が違います。収入に応じて家に入れるお金が増えたり減ったりするのと、毎月一定の金額を家に入れるのとどちらがいいかを聞きました。妻が後者を選びました。

ただし、お金の話は、二人の働き方によって変化します。

かつての男は外で働き、女は家庭を守るという時代は終わり、現在は共働きのカップルのほうが多くなっています。

共働き家庭で、お互いに同じくらいの収入があると、お金が共有の幸せにならないケースがあります。「共通の財布」であれば価値観を合わせたほうがよいですが、お互いに自立している場合は、擦り合わせなくてもよいケースもあります。

私は6年間シンガポールに住んでいました。シンガポールでは男性も女性も自立していて、男性が女性におごるという感覚があまりありません。女性と食事をして「ごちそうしますよ」と言うと、当たり前のように「割り勘にしましょう」と言われます。さらにお互いいくら稼いでいるか知らない夫婦も結構いました。

日本でも女性が外で働くことが一般的になってくると、お金に対する考え方が変わってくるでしょう。数十年前の「男は外で稼ぐもの」「オレが稼いでいるのだから」という価値観は古いものになっています。

お金の問題のほかにも、第2章でお伝えした、「価値観の違いあるある」に挙げた五つの項目は最低限、価値観の擦り合わせをしたほうがいいでしょう。

STEP 3

擦り合わせられない価値観の対処法

～違和感の受容

基本は、妻に任せる

なかには擦り合わせられない価値観があります。

そのために別れてしまうカップルもいます。思想・信条、宗教観、政治観などです。擦り合わせられない価値観は事前に知っておくことが重要です。たとえば、私の友人にある宗教の熱心な信者がいました。宗教に関係ない人と恋愛関係にあったこともありますが、結婚相手は同じ宗教の信者と決めていました。

そこまで重要なものでなければ、受け入れるか、一時的に「追放する」という方法があります。

私は、かつては家具やインテリアについて自分なりの好みがありました。自分の好みを開示し、妻と意見が違うときは話し合っていました。

しかし、いまは受容しています。妻のほうが家にいる時間が長いので好きにすればいいと思っています。多少の違和感はあっても、受け入れると決めています。二人で選びにいっても「私はこっちがいいけど」と開示することはありますが、最終的には任せています。

8割スルー、2割話し合いの感覚をもつ

男女の間に生まれるイライラやムカムカへの対処法は、大きく分けると二つです。

「え？」と思った違和感に対し、

①「こだわらない」と決めてスルーすること（つまり「追放する」、です）

②「こだわる」と決めて時間をかけて話し合うこと

価値観の違う二人なので、お互いの考え方や行動に違和感はあって当たり前です。

さらに忘れてはならないのは、違和感をもっているのはあなただけではありません。相手も必ず違和感を抱いていて、時々それを口に出したり、黙ってスルーしたりします。あなたが「なんでそんなことを？」と思うようなことを、「じっくり話し合いたい」と言われることもあります。違和感はお互い様なのです。

STEP2でお伝えしたように、基本的には、二人の幸せにつながることは擦り合わせ

「二人の人生に大切」なことは？

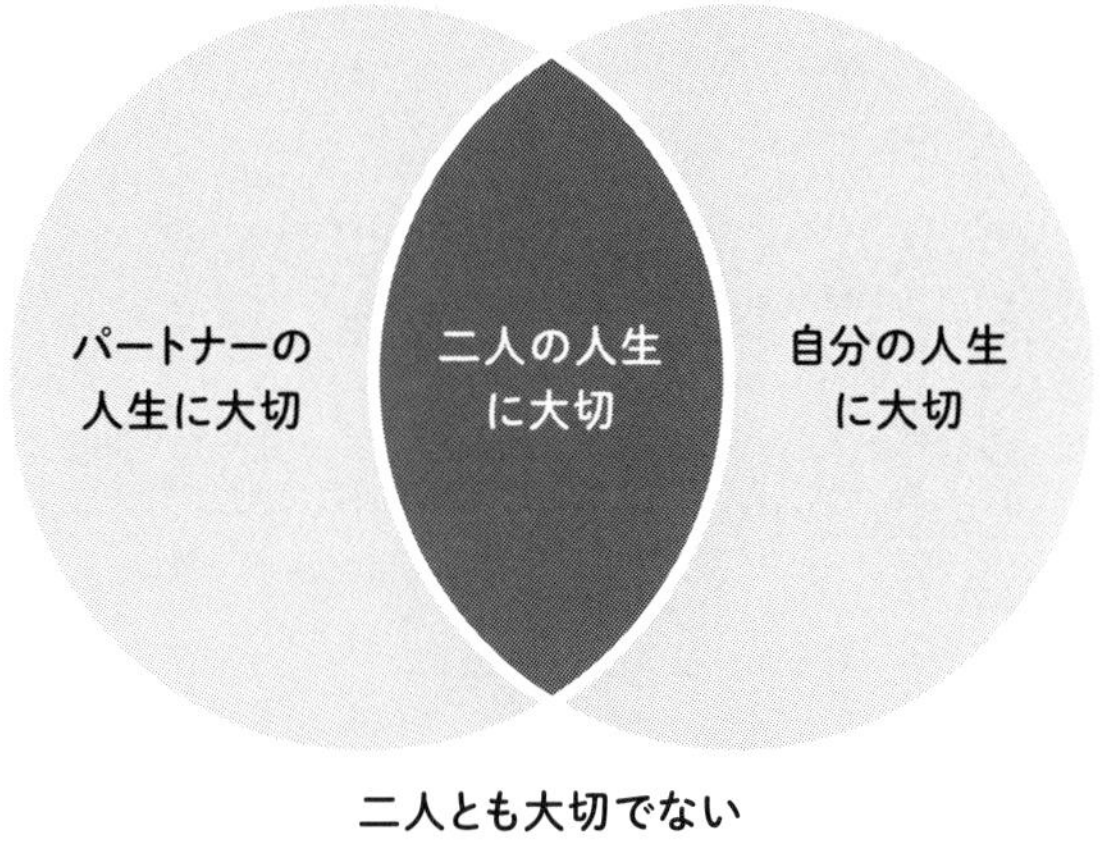

ます。「こだわる」ことには時間をかけ、「こだわらない」ことはなるべくスルーします。割合としては「8割スルー、2割話し合い」が私の感覚であり、イライラしないコツです。

たとえば、夫は妻に朝起きて食事をつくってほしいと思っていました。

しかし、妻はギリギリまで寝ていて、自分の身支度を整え、出社してしまいます。夫はイライラしていました。でも妻は悪気があるわけではなく、夫のイライラには気づいていません。

まず夫がすることは「いまのままでいい」（こだわらない）のか「起きて食事をつくってほしい」（こだわる）のかを決めることです。

こだわらないならそのままスルーし、朝食は自分でつくる、コンビニで買う、ファストフードを食べるなど別の解決策を実行します。

こだわるのであれば、まずは自分の気持ちを伝えます。理解してもらえるか、実行してもらえるかはわかりませんが、まずは気持ちを開示します。

でも、それを受け入れて、やるかやらないかを決めるのは奥さんです。やらないからといって、怒ったり不満を述べたりするのは筋違いです。やってほしいなら、まず、気持ちを伝え続けることです。それと同時に、やってほしいことを奥さん自ら「やりたい」、あるいは「やらなくては」と思ってもらうために、自分に何ができるかを考え、環境をマネジメントしていきます。

こだわるか、こだわらないかを決めるだけでずいぶん楽になります。

実際には、多くの人がこだわらなくてもいい些細なことでイライラしているものです。

私の知人に、妻の料理の味付け、掃除の仕方、洗濯物のたたみ方などが自分のやり方と違うからと、いちいち妻に対してイライラしている人がいます。よくよく聞いてみると彼は、自分の母親と妻のやり方を比べて、いちいち「違う」と感じてイラだっているのです。

母親の影響でできた心の枠に、妻のやり方が入らないことがイライラの原因です。

別の女性は、夫の食事の仕方や、服を脱ぎ散らかしたり、片付けをしないことなどにイライラしています。それが自分のやり方と違うからです。


それらが二人の人生に大切かどうかを一度考えてみるとよいでしょう。大切ならこだわります。そうでないなら、こだわる必要はありません。

たくさんのこだわりを抱えていると、考えることが増えます。うまくいかないことも増えます。イライラが少しずつ増えていきます。イライラがイライラを呼ぶ、イライラが別のイライラを大きくするという「イライラの相乗効果」によって、ストレスまみれになることもあります。

そこで不要なものを見極め、勇気をもって捨てます。そのとき「まあ、いっか」「〇〇にはこだわらない」と思って自分の心にピリオドを打ちます。とても簡単なことですが、するとしないとでは大違いです。

どんどん捨てたり、やめたりすることによって、本当に大切なものだけが残ります。気にしないという選択肢をもつと、イライラから解き放たれます。

幸福のために自分がこだわることを決める

私は自分にとっての幸せを四つに決めました。

それは「愛ある生活」「生きがいのある仕事」「健康であること」「お金に困らないこと」です。これが私のこだわることです。

ここにたどり着くまでには時間がかかりました。

私は結論を出すのに7年かかりました。きっかけは私が30歳のとき、二人の親友の親御さんが同時期に亡くなったことでした。そのとき、「自分もいつかは死ぬんだ」と強烈に意識しました。

「1日、そして、1時間、1秒……この瞬間も確実に棺桶《かんおけ》に近づいている」

「いつか死ぬなら自分はなんのために生きているのか?」

「死ぬときに自分の人生は幸せだったと思うにはどうしたらいいのか? 自分にとって

の幸せとは何か」

と、真剣に考え始めました。

父親、友人、誰彼構わず、「なんのために生きているの？」と聞きまくりました。それでもなかなか合点のゆく答えに出合えませんでした。

そして6年が過ぎ、私は一つの結論に達しました。坂本龍馬《さかもとりょうま》は「この世に生を得るは事を成すにあり」と言いました。この世に生きている意味は、自分の思い描く理想や、仕事を成し遂げ成果を残すためです。生きた証《あかし》を残すことです。

世の中で最もシンプルな成功法則と言われているものがあります。

それは、万人に共通に与えられている「命と時間」を大切にすることです。

ところが「怒る」とは、命を縮め、時間をロスする行為です。つまり「怒る」ことは成功から遠ざかる行為です。

人生の限られた時間を「怒り」に費やすのは無駄です。「怒り」という感情に支配されるのは愚かなことです。不機嫌、イライラ、怒りといったマイナス感情が、私たちの人生をどれだけつまらないものにしているでしょうか。

自分の感情を自分でコントロールできれば、人生は変わるのです。

感情のコントロール、イコール、人生のコントロールだからです。

そして私は、自分にとっての幸せとは、前述の四つをバランスよく、高いレベルで維持することだと考えました。

もっと短期間で決められる人もいるでしょうし、もっと時間がかかる人もいるでしょう。

でも、多少時間がかかっても決めておく価値のあるものです。

自分にとっての幸せの形がわかるから、何を改善すればいいかがわかります。

それをパートナーと共有し、二人で幸せになっていけます。


たとえば、「生きがいのある仕事」とは、共働きなら自分もパートナーも生きがいのある仕事をして輝くことですし、もし子どもがいれば、子どもも生きがいのある仕事ができるようサポートすることです。

幸せの形が明確だからこそ、パートナーと共に幸せになれます。こうすることが人の幸せになるという確固たるものがあれば、日々の決断や行動が場当たり的にならずに済みます。ちょっとした違和感を捉えてイライラすることがなくなります。

STEP 4

幸せの価値観を開示し合う
～二人の価値観を発展させる

自分の幸せの気持ちを開示して相手に知ってもらう

自分が思う幸せの形はパートナーに開示し、共有しておきましょう。そうしておかないと頑張れば頑張るほどすれ違うという悲劇を招くことになります。

知人の男性の話です。彼は朝6時に家を出て、夜11時に帰宅するという生活を20年続けてきました。あるときいろいろなきっかけがあり、転職を決意しました。その際、奥さんに「どういう会社がいいと思うか」と相談しました。

すると意外な言葉が返ってきました。彼は一生懸命働き、できるだけたくさんのお金を稼ぐことが大切で、家族はそれを望んでいると思っていました。ところが奥さんに、

「給料はいまの半分でもいいから、家の近くで働いて、早く帰ってきてほしい」

と言われました。

「いざとなったら私が働けばいいんだから」

彼は「ものすごくショックだった」と言いました。

「いままで一生懸命働き、たくさんの給料をもって帰ることが家族の幸せだと思い込んでいた。ところが妻は違うことを望んでいた」

幸せの形は人それぞれ違います。自分にとっての幸せが、パートナーの幸せとは限りません。

私のこだわりである「愛ある生活」「生きがいのある仕事」「健康であること」「お金に困らないこと」という四つのことについて、現在では妻と共有しているのですぐに話し合うことができます。

世の男性はこうしたこだわりを目的、目標として当然のように掲げ、そうなるための行動計画を立てますが、パートナーや家族と共有するところまで気が回りません。ですがそうすると女性にはなかなか理解してもらえません。

私たちも最初から共有されていたわけではありません。そういう場合、第一段階として、軽い開示が必要です。自分がこういうことを大切に思っていると伝えます。

あるいは自分はこういう考えだけど、あなたはどうかと聞いてみます。

これはお互いの価値観を確認するうえで重要です。擦り合わせるとか、解決のために動く前の段階として、いまのところそれぞれのこだわりがどのくらい重なっているのか（あるいはまったく重なっていないのか）を確認します。

仮に違っていたとしても、「自分が正しくて、あなたは正しくない」「あなたは重要なことに気づいていない」などと、相手を責めてはいけません。

まずは、お互いの違いを認めることです。

イライラの多くは「なぜ違うのか」に端を発しますが、その根底には自分は正しいが、相手は間違っているという思いが横たわっています。

そうではなく、「よい」でも「悪い」でもなく、ただ確認できるとよいでしょう。違っていても気にする必要はなく「ふーん、そうなんだ」と明るくも暗くもないトーンで言えばよいのです。

開示はお互いを理解するのに役に立ちます。「ああ、こういうところは譲れないのか」「こういう部分はこだわるのか」「そこにこだわるのにこれはスルーなんだ」などと次々に発見があります。この発見を楽しむことが、自然な擦り合わせにつながっていきます。

重なる部分が多いと価値観が似ているということになります。もともと重なっている部分の多い人もいますし、そうでない人もいます。

ただ、開示し、擦り合わせることによって重なる部分は増えます。

元は重なっている部分が少なくても、短時間で重なる部分が多くなるカップルもいます。時間をかけて少しずつ重なっていくカップルもいます。長い間一緒にいても擦り合わせをしなければ重なる部分は増えません。

普段から違和感を軽く開示をしておく

第1章で挙げた、女性の夫に対するイライラエピソードを見ていると、基本的な話し合いが少ないゆえに、妻がイライラを募らせているケースが非常に多いように感じます。

極端な例ですが、電車のなかでこんなカップルを目撃しました。

二人は彼女の誕生日に高い指輪をプレゼントし、レストランで食事をしてきたようでした。仲良く話していたのですが、男性が「この前友達に飲み会に誘われたけど行かなかった」という話をしてから雲行きが怪しくなりました。

男性は「飲み会をがまんしてまでお金を貯めて、誕生日を祝いたかった」ということが言いたかったのだと私は理解しましたが、女性は「なんで飲み会をがまんするの。友達付き合いはちゃんとしてほしい」と言いました。

「いや、お金がなかったから」

「お金がないなら、こんなに高い指輪とかいらないよ」

「そういうんじゃなくて」

「だったらお金貸すから飲み会に行ってよ」

はた目にもすれちがっているのがわかりましたが、本人たちは大きな声でケンカを始めてしまいました。


どんなに会話のない二人でも、話し合わざるを得ないピンチの場面があります。お金のこと、仕事のこと、親のこと、子どものことなどなど。ですが、重たい議題をギリギリのタイミングで話し合うのは正直なかなか難しいのです。

そうではなく二人の幸せに関係していそうなことであれば、「えっ?・」と思ったときに、普段から意思表示をしていきます。「えっ?・」とは、なんらかの違和感を覚えるということです。

それに対して「違うね」と軽い開示をしてみます。

そのうえで相手の反応を確かめながら「擦り合わせる」か「擦り合わせない」か決めます。

「擦り合わせない」なら「違う」ことを確認して終わりです。「擦り合わせないけれど知っておいてもらう」ということです。

これもイライラをなくすことにつながります。「擦り合わせる」なら「じゃあ、どうしていこうか」と考えます。

共通体験で価値観を開示し合う

いろいろな出来事を一緒に見聞きしたときも、価値観の開示のチャンスです。

第三者の言葉や行動に対し、パートナーが「あれはいいね」「あれはひどいね」など言ったとします。それが、自分の枠にも入れば共感します。

一方、第三者の言葉や行動がパートナーだけに響く場合、自分の枠には入らないので、「あれのどこがいいのか？」「なんでそんなことで怒っているの？」という気持ちになります。そのときに、「あんなのがいいの？」「何、怒ってるの？」などと言ってはいけません。

「ああ、こういうところに反応するんだな」と受け止めることが大切です。

価値観の四分類

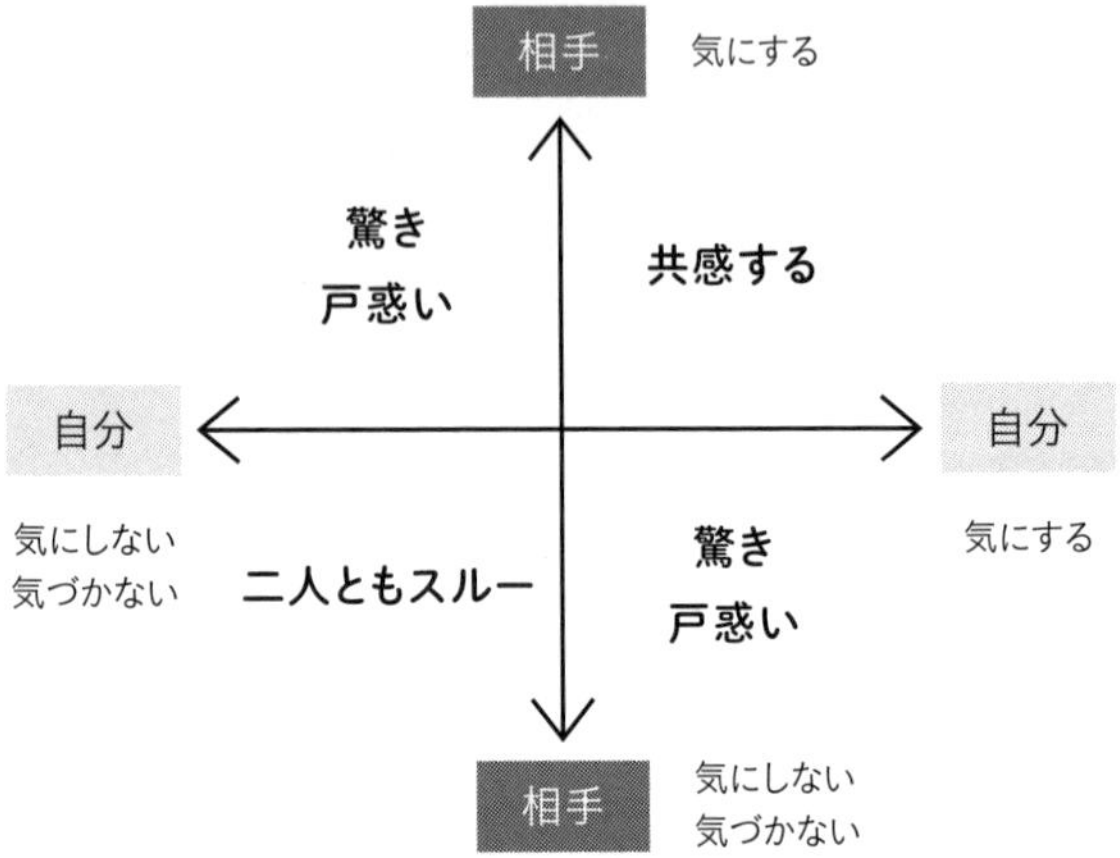

反対に自分が反応したことに対して、相手が反応しないこともあります。そのときも「リアクション薄いよ！」などとは言わず、自分と相手の違いを楽しんでください。

私の経験です。あるとき、小さな子がレストランで大騒ぎしていました。それを見た、その子の母親が、「やめてちょうだい！　お母さんが恥ずかしいでしょ！」と言いました。

妻と一緒にいたので「母親の発言についてどう思う？」と聞きました。

「私が恥ずかしいからやめて」というのは母親中心の考えで、「子どもにとってどうなのか」という考えではありません。

私が「そういうのはよくないと思う」と言うと、妻も「私もそう思う」と言いました。

このケースでは第三者の行動について、二人の反応と評価が一致しました

「それなら私たちは、自分たちがイヤだから子どもにこうさせようという発想はもたないようにしよう。子どものために親としてどうするべきかを考えよう」と話しました。

「人のふり見て我がふり直せ」と言いますが、第三者の言動によって確認することができました。

二人の価値観の開示はとても大切です。ちょっとした開示をしておけばイライラしたり、重くならずに済んだのにということがあります。

子どものしつけと価値観の擦り合わせ

知り合いのご夫婦の話です。お子さんが路上で無料配布されていたおもちゃをもらったことがあったそうです。

本人はすぐに開けたがったのですが、旦那さんは「いまここで開けたらもって帰れなく

なるから、家で開けなさい」と言いました。

奥さんも「家に帰ったら開けなさい」と言ったのですが、お子さんは「いま開けて、なかを見たい」と言うわけです。そこで日那さんは、

「開けたいなら開けてもいい。その代わり開けたら、ここで遊んで、ここで捨てて帰ろう。とっておきたいものだったら、家に帰ってから開けなさい」

と言いました。お子さんは「わかった」と言って開けました。

そこで旦那さんは、「じゃあこれはここで捨てて帰るということでいいね？」と言い、奥さんもお子さんも納得しました。

ところが家に帰ったら、そのおもちゃがカバンのなかに入っていました。

奥さんに聞くと、お子さんが家にもって帰りたいと騒ぐので、しかたなくもち帰ったと言います。

旦那さんは価値観の擦り合わせが必要だと思いました。

「これは子どもへの愛ではなくて、親としての弱さだと思う。親は自分の言ったことに

責任をもたなくてはならないだろう。親が無責任な行動をとり続けたら、子どもは『どうせ口だけだから約束を守らなくてもいい』と思ってしまうんじゃないかな」

しばらく話をすると、奥様は「なるほど。確かにそうだね」とわかってくれたそうです。

この話を聞いて、私は素晴らしいご夫婦だと思いました。このように二人同時に何かを体験したときは、価値観の擦り合わせをするチャンスです。

お互いのこだわりを定期点検する

こだわりは、新しく加わるものもあれば、なくなるものもあります。

私はこれまで「老後」のことを考えることはありませんでした。でも、最近真面目に考えなくてはと思い、擦り合わせるようになってきました。子どもも中学に上がり、いつまでも相手をしてくれなくなります。私も妻も友達がとてもたくさんいるわけではなく、最終的に残るのは二人です。

70歳すぎて仲が悪かったら楽しい人生とは言えません。そのことを軽く開示をしました。

「共通の趣味を見つけない？」

「一緒にできることを探さないと老後は寂しいよね」

という話をして、彼女が「そうだね」と言ったので二人で擦り合わせることになりました。

妻からは「テニスはどう？」と言われましたが、「それはできないかな」と答えました。

その後、「ジムは？」「二人で毎朝ウォーキングする？」「どこかに旅行に行く？」などといろいろなアイデアが出てはいますが、いまのところ決まっていません。これからも話し合っていきます。

老後については、私が軽い開示をしたとき、すぐに擦り合わせるつもりはなかったのですが、意外によい反応が返ってきたので、自動的に擦り合わせるゾーンに入ったという感じです。

相手の価値観がわかっていないときもこれは使えるでしょう。

WORK

「幸せの価値観開示」ワーク

「お金」「仕事」「家族」「名誉」「恋愛・結婚」「学歴」「健康」の並べ替え

パートナーとゲーム感覚でこんな話し合いをしてください。

「お金」「仕事」「家族」「名誉」「恋愛・結婚」「学歴」「健康」について幸せになるために必要だと思う順番に紙に書きます。

そして「せーの」で見せ合ってみましょう。

実際にやってみると、二人がまったく同じ順番になることはないでしょう。あまりに違っていたからといって驚かないでください。それが普通なのです。

同じ順番をつけないパートナーへ不愉快な感情を抱いたり、自分の優先順位を強要した

お互いの価値観を知るゲーム

1	お金	5	恋愛・結婚
2	仕事	6	学歴
3	家族	7	学歴
4	名誉		

七つの事柄についてそれぞれ優先順位をつける

「せーの」で見せ合い、お互いの優先順位を知る

著者	妻
1. 健康	1. 健康
2. 家族	2. 家族
3. 仕事	3. 仕事
4. お金	4. お金
5. 名誉	5. 学歴
6. 恋愛・結婚	6. 名誉
7. 学歴	7. 恋愛・結婚

相手がつけた順位について評価しない

りしてはいけません。自分の順番が正しいと決めつけないでください。相手は自分が否定されたような気持ちになるでしょう。

人は自分の思いや考えをわかってもらうことに一生懸命になります。

一方で、相手をわかろうとしないという悪い習性があります。

この習性を逆手にとりましょう。

自分の考えを伝えることからではなく、相手を理解するところから始めると、コミュニケーションの質が変わります。

深いテーマは時間をさいて

ある先輩ご夫婦から聞いた話です。

結婚して十数年経ったある日、旦那さんが奥さんに切り出したそうです。

「一方的に感じていることなので、本当に申し訳ないのだけれど、最近二人の間に、ちょっとした溝のようなものを感じることがあるんだけど、おまえはどう思う？」

話し合ってみると、奥さんも「ちょっとした溝」を感じていたようで、旦那さんの言動に対する不満など、思いもよらない話が出てきます。

「そんなことが引っかかっていたのか、ごめん。わからなかった。そんなつもりではなかったのだけれど」

「あなたはそういうつもりで言ったわけではないかもしれないけど、私はそういうふうにしか受け取れなかった」

「それは悪かった。謝るよ」

日々の生活のなかでは、小さな我慢、小さな違和感が放置されがちです。それが何年も続いていくと、次第に大きくなっていきます。

こうしたことは人が二人以上いれば、夫婦でも恋人でも友達でも、どんな関係でも起きます。ですから楽しい話だけではなく、時には「ちょっとした溝」に目を向け、そこを開示する必要があります。

二人は、話し合いを外でランチをとりながら何度か繰り返しました。

昼間なら、お酒を飲んでいないし、夜の醸し出す独特の雰囲気にも左右されず、お互い冷静でいられます。子どもも近くにいません。家庭ではなく外食することで、いい意味で周囲のガヤガヤ感のなかに身を置けるので、冷静に話すことができます。

話し合った結果、これから長い人生を一緒に生きていくための新しい価値観が形成されたそうです。

「言わなくてもわかるはず」は妄想

男女のコミュニケーションの質は、過ごす時間に反比例します。

一般的に一緒にいる時間が長くなるにつれ、コミュニケーションの質が下がっていきます。その要因の一つは甘えです。

一緒にいる時間が長くなるにつれ、「言わなくてもわかるはず」「きっとわかってくれるはず」という考えが出てきます。

もう一つは諦めです。「言わなくてもわかるはず」ではなく、「わからないから言わないほうがいい」とコミュニケーションを放棄してしまいます。

話をしていない夫婦にその理由を聞いてみると「面倒くさい」という答えが返ってきます。

本当は二人が考えていることが違うとわかっています。でも擦り合わせるには話し合いが必要です。そのとき「摩擦が起きてぎくしゃくするより無言のほうがいい」と考えます。

揉《も》めてギスギスするのも面倒だし、話すこと自体も面倒くさい。

そして、見聞きしなかったことにしたり、放置したり、逃げたりします。

「時間が解決してくれるだろう」と自分に都合のいい意味付けをします。

「言わなくてもわかる」が招いた最悪の事態

ある男性の話です。彼は妻との関係がうまくいかなくなり、結婚して半年ほどで離婚を考えるようになりました。

「最初はちょっとしたことだったんです。なんで休みの日は日中ゴロゴロしているのか、とか。家にいるなら掃除くらいやってよ、とか。そのうちにだんだん面倒くさくなっていったんです」

妻のやることなすことにイライラし、妻も彼のあらゆる行動を事細かに非難しました。

ですが彼の心のなかに「結婚生活なんてそんなものだろう」という思いがありました。「子どもができれば夫婦関係は変わるのではないか」という期待もあったそうです。

しかし、淡い期待は裏切られました。やがて子どもはできましたが、冷めたままでした。

二人の関係は「はた目には幸せそうに見えたと思います。公園で若い夫婦が、小さな子どもが砂遊びしているのを温かく見守っている、と。でも、私たちは子どもを見ながら別れ話をしていたのです」。

男性は離婚話を切り出しましたが、妻は首を縦には振りませんでした。妻は両親の離婚を経験していたため、「どんなことがあっても離婚はしない」と頑なでした。

ある日、帰宅するとベランダでキラキラと光るものが見えました。ドアを開けてみると無数のコップや皿が割れていました。奥さんが叩《たた》きつけて割ったものでした。

「衝撃的でした。私がいないときにコップや皿をコンクリートに叩きつけていたんです。ガシャーンという音が聞こえてくるようでした」

あるときは妻が台所で包丁を握って倒れていました。

「でも、もはや心配するという気持ちにもなりませんでした。下手な芝居しやがって、くらいにしか思わないようになっていました」

男性は彼女がイヤでたまらなくなり、毎晩会社の同僚と飲み歩き、彼女が寝た頃を見計らって帰るようになりました。「帰宅したらまた妻が何かしているのではないか」と「帰宅恐怖症」のようになり、カプセルホテルを泊まり歩くこともありました。

それが妻にとっては余計にストレスとなり、顔を合わせれば怒鳴り合いのケンカをするようになりました。

男性はそうした生活に耐えられなくなり、家を飛び出し、数年後に離婚しました。彼は私にこんなことを言いました。

「いま思うと、結局のところ私は彼女と向き合っていなかった。妻は必死にメッセージを送っていたのです。コップを割ったり、包丁を握りしめて倒れていたり。私は彼女が発するサインに気づきながら無視していた。これは彼女に対する甘えだと思うんです」

なぜ、話をしなかったのか。

その根底には「夫なんだからわかるだろう」「妻なんだからわかるだろう」という甘えがあります。

その甘えを上手に受け止められればいいのですが、多くの場合、甘えられることに対しイライラしてしまいます。特に彼のようにコミュニケーションから逃げてしまうとよいことはありません。

時折、逃げることを「冷却期間を置く」と都合よく解釈する人がいます。しかし、逃げている間、人の関係は急速に冷めていきます。逃げられると、過去のパートナーの言動を思い出しながら、イライラや怒りを募らせることもあります。話し合いを一方的に拒絶されたという思いも、イライラや怒りを増幅させます。

妥協し続ける夫婦

前の話のように、イライラや怒りが、暴力や別離など目に見える形で表れることもあれば、次の話のように、密《ひそ》かに潜伏し続けることもあります。

ある「幸せな家庭」を演じている夫婦の話です。

本当はもっと自由に生きたいのに、本音の会話をすることもなく、相手に失望し、妥協しながら一緒に暮らしているというのです。

女性は「本当は離婚しちゃったほうがさっぱりするんでしょうけれど、マンションを共有名義で買ってしまったから面倒で」と言います。

不動産を購入した場合、その名義の登記については「単独名義」と「共有名義」の種類があります。

単独名義とは購入した人の名義で登記すること。一方の共有名義とは、一つの不動産を購入する際に共同で出資して購入した場合に、その出資した割合に応じたもち分で登記すること。

共有名義で登記すると夫婦それぞれの収入に対して「住宅ローン控除」の適用を受けるなどのメリットがありますが、一方で離婚した際の財産分与の問題があります。一方が売却を希望しても一方が売却を拒否して住み続けることを主張した場合、事実上売ることはできません。単独名義に変更する場合は、金融機関への連絡と承諾が必要です。つまり、二人で分けて組んでいた住宅ローンを一人で負担することになるかもしれません。

「結婚して20年になりますが、18年間セックスレスです。共通の友人からの情報で、夫に20歳以上も歳《とし》の離れた若い恋人がいるのは知っています。その女が、この部屋に上がりこんでいるのも知っています。

実は私も会社の部下と恋愛関係にあります。だからお互い様とも言えます。一緒に食事をすることもないし1か月以上会話をしないことも珍しくありません。

私たちはシェアハウスの同居人のようなもので、お互いのプライベートには一切関与していません」

別の夫婦の話です。二人の子どもがいますが、「下の子が20歳になったら別れる」と決め「私たちの会話はすべて子どもが仲立ちしています。『○○ってお父さんに言っておいて』『○○ってお母さんに言っておいて』という感じです」。

熟年離婚はコミュニケーション不足の結果

「『生まれ変わっても現在の配偶者と結婚したいか』という定番の質問がありますが、ある調べによると、女性は20代の頃は「もう一度いまの夫と」という人が多かったのに対し、50代、60代になると、32・4%、33・3%と極端に下ります。これまで家庭を顧みない夫との生活に不満をもちながらも、「給料を稼いでくれるから」と我慢してきた妻が、定年をきっかけに「もう面倒はみないから」と宣言して、離婚してしまうこともあるのです。

ある女性には、大手企業の部長職にある夫との間に二人の子がいます。「男は仕事、女は家庭」という考え方の夫に従い、よき妻であろうと努力してきました。

しかし、「それでいいのか」と思うようになったそうです。家事はすべて自分。夜遅くまで夫の帰りを待って食事の支度。ある日、夫に「俺のシャツはどこだ」と言われて「知らないわ」と答えたら、「ふざけるな。知らないってどういうことだ」と怒鳴られました。

それをきっかけに彼女は爆発しました。

「あなたが外で仕事をしていられるのは、私が子どもの面倒をみたり、食事をつくったり、買い物をしたりしているからよ」

離婚を決意すると成人していた子どもたちも応援してくれ、都内の小さなマンションで一人暮らしを始めました。昼間は水彩画を習い、夜は観劇やコンサートを楽しんでいます。

子どもが独立し、妻が去ってしまうと、男性が一人残されることになります。ある男性は「毎日の家事がわずらわしい」と、三食ともコンビニで賄っています。昼はコンビニ弁当。夕方はおでんとビールを買って晩酌。そのときに朝食分のおにぎりも買い、翌朝おでんの残りヅユと一緒に食べるのだそうです。

お金がないというわけではないのですが、「うまいものを食べたいとか、どこかに出かけたいという気力がない」という言葉を聞いて私はなんとも切なく、寂しくなりました。

ある男性は70歳で妻を亡くしました。長く連れ添った妻の死を悲しんでいると、お葬式の際、妻の妹たちが突然「遺骨をもっていく」と言い出しました。

「姉の遺骨はあなたには渡せない。姉はあなたと一緒のお墓に入るのはイヤだと言っていた」

そう言って妻の直筆の遺言状を見せられました。そこには確かに「死んだら実家のお墓に入りたい」と書いてありました。

義妹たちは奪うように遺骨をもち去ってしまいました。後日何度も頼み込んで、ようやく少しだけ骨を分けてもらったそうですが、その際も義妹たちから「姉がかわいそう」と号泣されたそうです。

この人は奥さんを亡くした悲しみと同時に複雑な感情を抱えています。

「妻とはそれなりに仲良くやってきたつもりでした。妻を幸せにしてやったなんて思っていました。でも、そうではなかったみたいですね。こんな伝えられ方はつらいです」

さまざまな男女の話を聞きながら、私は一つのことを考えました。

まず、一人の人間である以上、二人の価値観は違うということ。まして男女なのだから、なおさらでしょう。

もう一つは、「だからわかり合えないのだ」と諦めてしまう人もいますが、やはりお互い向かい合って、話し合うことが大切だということです。向かい合い、話し合いを避けた結果として別れがあります。

「面倒くさい」は幸せの放棄

甘えや諦めは共有している時間と関係しています。

友達の関係であれば、会わないという選択肢があります。

恋人でも一時的に距離を置くことは可能です。それがいい意味での緊張感につながります。

ですが結婚するとそれが難しくなります。お互いの見たくない部分がたくさん見えてくるので、そのなかで関係性を保つには「見ざる」「聞かざる」「言わざる」を決め込むのはある意味賢いやり方です。

私も「見ざる」「聞かざる」「言わざる」を「100％ダメ」と言うつもりはありません。

ただし、男女が関係性を続けていくためには、価値観を擦り合わせなくてはならない場面があります。

いま面倒くさいというハードルを越えないと幸せにはなりません。「面倒くさい」を続けていると自分の幸せが逃げて行ってしまう可能性があります。自分の幸せを自ら放棄しているのと同じなのです。

あらゆることを話し合う必要はありません。

むしろ「見ざる」「聞かざる」「言わざる」で、スルーしてしまったほうがよいことが多いかもしれません。

重要なのはスルーする部分と数少ないスルーしない部分を見極めることです。

一生わかり合えない夫婦をつなぐもの

アメリカに行ったとき、ホストファミリーの夫婦がよく会話をしていました。

「よくお話しされますね」と言うと、奥さんが、

「そんなの当たり前。夫婦は一生わかり合えないのだから、話すことをやめたら夫婦なんておしまいよ」

と言いました。

これは鮮烈な記憶として残っています。

夫婦なんて一生わかり合えない。

わかり合っているようなふりをするから苦しくなる。

わかり合えないことを前提に、わかり合うためにいろんな話をしようと思ったほうが、結局は意思疎通できるのです。

以来、夫婦は向き合わなくてはならないと考えています。それは妻も同様です。


妻に「別れるときってどんなとき?」と聞くと、一つは浮気をしたとき、もう一つはコミュニケーションがなくなったときと言われました。

お互いに理想のパートナー像を押し付け合っていては、決してうまくいきません。そう

ならないためにも、お互いが求めていることをはっきりと伝え合い、できること、できないことを明確にして、二人の価値観をつくっていくのです。

人は見返りを求めたり、相手に間違った期待を持つと心が乱されます。間違った期待とは、まさしく見返りを求めた期待です。

誰かの役に立つ期待、誰かに喜んでもらう期待は言うまでもなく素晴らしいです。期待をすることは素晴らしいことなのですが、期待のなかに自分への見返りがあると、心が乱されます。

私は、あらゆる苦しみの原因は、人や物事に間違った期待をすることだと考えています。傷ついたと思うのは、誰かに何かを言われたり、されたり、あるいはされなかったりしたせいではありません。

相手に抱いていた間違った期待や信頼が「裏切られた」という、自分勝手な思い込みの果てに、起こることなのです。

そんな想いもこめて、ここに挙げた4ステップを試してみていただけたらと思います。

SKILL 1

妻が笑顔になる雑談術①
～魔法の言葉でコミュニケーション不足解消

妻にどう話しかけたらいいかとなっている方にぜひトライしてほしい雑談術をお伝えします。一般的には結婚生活が長くなると話す機会は減るものです。

お互いの気持ちや考えを確認することなく、時間が流れていきます。別の時間を過ごすようになると、別の価値観をもつようになります。

それなのに「言わなくてもわかっている」などと錯覚していると、イライラや怒りを生むもとになります。

また、パートナーとの関係が、「いつもと同じ」と思い込むのもとても危険です。ろくに話もしていないのに「きっとこう考えている」「きっとわかってくれている」と思っているとしたら、かなり危険信号です。片方は「自分はいろいろしてあげている」と思うのに対し、片方は「まったく何もしてくれない」と思っていたら、ギャップがイライラとして蓄積されていきます。

たとえば夫は「育児を手伝っている」と思っていたのに、妻は「ぜんぜん何もしてくれない」と思っていた、という話をよく聞きます。

夫は子どもと遊んで育児を手伝ったつもりでも、妻は「いまは子どもを昼寝させたい。それよりオムツを買いに行ってほしい」と思っていたとします。

すると妻は「なんで手伝ってくれないのか」と不快に感じ、夫は「自分は手伝っている。手伝ってほしいなら具体的に言えばいい」と反発し、ケンカになります。ですから、話をすることはとても大切なのです。

妻とのコミュニケーションで困っている人は、帰宅後すぐにこの言葉を言うとよいと思います。

それは、「今日、どうだった？」と「何かあった？」です。

そうすれば必ず会話が始まる魔法の言葉です。会話が始まったらきちんと聞くことです。

私は話を聞くときは、テレビをつけないようにします。もしついていたら消してから聞くようにします。きちんと聞いているというメッセージです。

SKILL 2

妻が笑顔になる雑談術②

～妻に言ってはいけないNGワード

魔法の言葉とは反対に、妻に言わないほうがいい言葉もあります。

何気なく見たテレビで面白いアンケート結果を公表していました。それは、【妻が夫に言われてムカつく言葉ベスト5】です。5位から紹介すると、

第5位「疲れた」
第4位「おかずこれだけ?」
第3位「なんで怒っているの?」
第2位「言ってくれればやるのに」
第1位「俺は働いている」

1位は「主婦は1日24時間３６５日働いているのよ！」と言い返したくなる一言だそうです。その番組では、週に1～3回は夫にイライラすると答えた方が63%もいたとも言っていました。

夫婦や恋人間に限らず、日本人はきちんと自分の気持ちや考えを相手に伝えようとしません。日本人は単一の言語、単一の文化、そして島国という環境で長い間暮らしてきたため、そこで形成されてきた暗黙知のなかで生活しています。だからお互いに、すべてを説明しなくてもわかり合えると思っています。

ですが最近は、価値観が多様化し、これまでの暗黙知が通用しなくなってきている部分があります。

一方、外国人は多民族・多文化・多宗教のなかで生きているので、わかり合えない、言葉にしないと伝わらないという前提で生きています。

以前、外国人のドクターに検診結果の説明を受けたときにそれを強く感じました。日本人のドクターであれば「特に異常はありません」の一言で終わってしまうような結果だったのですが、彼は一つ一つの項目について懇切丁寧に説明します。「ここまで説明する必要があるのか」と思ってしまうほどでしたが、わかり合っていないことが前提なので、そういう説明をするのです。

SKILL 3

妻が笑顔になる雑談術③
～口下手ならLINEがおすすめ

普段の会話がないと大事な話はしにくいものです。

会話がほとんどない夫婦がいます。しかし、会話の少ない二人であっても、日常生活で大きな出来事、さまざまな転機を迎えれば、相手に伝えなくてはなりません。普段話をしていないと、会話のハードルは上がってしまいます。どうしても話さなくてはならないことがいきなり「重いテーマ」になってしまったりするのです。

それを思い切って話しても、会話をする土壌が失われていると、聞いてもらえないことがあります。

話をしないことに慣れ、話をすることが面倒になっているのです。

「重要な話をしようとしても聞いてもらえない」

「どうせ聞いてもらえないなら話してもしかたがない」

聞いてもらえないことが何度か繰り返されると、

「この人には言ってもしょうがない」

「この人は聞いてくれない」

と思ってしまうのです。こうなるともはや会話をするのは別れ話のときだけになります。

つまり、「たわいのない会話」「雑談」が重要だということ。男女関係でも友達や恋人は圧倒的に雑談が多い。雑談ができているから大事な話もスムーズにできます。それが結婚すると雑談が少なくなるのです。


子どものイベントに夫婦揃って参加している人がいました。

きっとこの人たちは仲のよい夫婦なのだろうと思っていたのですが、あるとき、たった数メートル先にいる夫に、奥さんがLINEを送ったと聞いて驚きました。

「こんなに近くにいるんだから直接言えばいいじゃないですか」と言うと、「うちは会話なんかないからいいんですよ」と言うのです。

本音はどうかわかりませんが、見かけの印象とずいぶん違うと思いました。

別の夫婦はお酒が好きで、よく飲み会などに一緒に参加していますが、こちらも会話はほとんどなく「業務的な連絡はLINEでしている」と言っていました。

思うに、口下手な男性でも、LINEだったら妻に言えたりする場合もあるかもしれません。特に家での会話は日常ですから、向かい合って話すことは難しかったりします。そういうときは、LINEなどを積極的に使うのは一つの手です。最後の局面では必ずひざを突き合わせて話し合いをすることになりますが、LINEであっても日々の気持ちを伝えておくのと、おかないとでは雲泥の差があります。

グーグルが行った「プロジェクト・アリストテレス」は男女のコミュニケーションのヒ

ントになるでしょう。

社員の生産性を高めるためにはどうすればいいのか、米グーグルが労働改革プロジェクトとして社員同士のコミュニケーションを中心にモニタリングをしました。

成功するチームの要素として浮かび上がったのが、「他者への心遣いや同情、あるいは配慮や共感」といったメンタルな要素でした。

たとえば一人が喋《しゃべ》って、他の社員が黙っているというチームより、全員がほぼ同じ時間、発言するチームは成功していて、それもそのような決まりを押し付けるのではなく、自然にそうなる雰囲気がチーム内で醸成されることがポイントなのです。

「こんなことを言ったら、チームメイトから馬鹿にされないだろうか」

「リーダーに叱《しか》られないだろうか」

という不安を払拭《ふっしょく》すること、心理学の専門用語では「心理的安全性」と呼ばれる安らかな雰囲気をチーム内に育《はぐ》めるかどうかが鍵なのです。

会社で仕事とプライベートの顔を使い分けず、本当の自分をさらけ出せる職場、他者への心遣いや共感、理解力を醸成することが生産性を高めるために必要な要素であることがわかったのです。

男女関係においても、自分の頭のなかをさらけ出せる間柄はよいでしょう。頭のなかをちゃんと吐き出せる関係性が大切です。

人間関係をつくるうえで有効なのは自分をオープンにすることです。

人間関係には「対応の法則」が働きます。これは返報性の原理とも、鏡の法則とも言います。自分が優しくすることで相手も優しくしてくれます。自分がオープンになると相手もオープンになります。相手に対して積極的に自分をさらけ出すことによって、相手も心を開きます。

SKILL 4

妻が笑顔になる雑談術④
～褒められて悪い気がする妻はいない

妻との雑談の内容の基本は「自分の体験」「身近に起きた出来事」「そのとき自分がどう思ったか」ということを、「あなたの体験」「あなたの身近に起きた出来事」「そのときあなたはどう思ったか」に変えます。

つまり、妻に対して質問していくのです。そうすると、相手は自分のことに関心をもってくれていると思います。専業主婦で子育て中だったりすると、会話をする相手というのは本当に限られています。

わざわざ聞かなくても、うちの妻は自分が帰宅するなり「わーわー」話し出すと思うかもしれません。それでも、あなたから質問してください。

そのために、まずはあなたが妻に関心をもつことです。

女性は髪型、衣服、リップなどをよく変えています。そのことに関心をもって口に出します。私は、妻にリップサービスはしませんが、本当に素敵だな、いいな、と思ったときには、口に出して褒めるようにしています。「そのブラウス似合ってるね。どこで買ったの？」といったちょっとしたことです。

人に褒められてイヤな気持ちになる人はいません。ビジネスシーンでも、「ステキな名刺ですね」など相手に関心をもってもちものを褒めると、場の雰囲気も和《なご》み、いいコミュニケーションがスタートできます。

褒めることのほかにも、日常のなかでちょっと違うなと感じたことは、積極的にパートナーに伝えていくといいでしょう。

妻が先日、夕飯にハンバーグをつくってくれました。その味がいつもとちょっと違ったので、私は「なんかいつもと違う？」と好意的に聞きました。すると、「わかる？」と会話に乗ってきました。いつもと違うスパイスを足したり、ひと手間加えてくれたようなのですが、妻がうれしそうにしていたのは、そういう小さな違いにこちらが気づいたからだと思います。

SKILL 5

妻が笑顔になる雑談術⑤

～一見ムダな話が大事

最近よく聞くのは、帰宅してもゲームに夢中で「話しかけても上の空」という夫です。そのことでケンカしている夫婦もいるのではないでしょうか。夫からすると、家族に無関心というわけじゃないと言いたいかもしれませんし、実際仕事のストレスを発散する大事な時間になっているかもしれません。

夫婦がパートナーに求めるのは、一人の時間を邪魔せずに好きにさせてくれること。あなたも自由時間がほしければ、妻だってそうなのです。

これは、腹を割って話し合ったほうがいい問題。たかがスマホと思わないことです。

妻に、寝る前など相談する時間をもらって、自分の素直な気持ちを開示しましょう。

「オレが家に帰ってもスマホばっかりやっていて、君のイライラが溜まっているかもしれない。実は会社で完成を急ぐ大きなプロジェクトに携わっていて、日中息をつく暇がまったくない。くだらないと思うかもしれないけど、スマホでゲームするのが本当に息抜きになっている。寝る前の1時間を一人の時間にさせてほしい」というように。そこでどう返ってくるかは、奥さん次第ですが、スマホに夢中なのにも理由があるとわかると、女性のイライラも少しは落ち着くでしょう。

共働きで、ちゃんと向き合う時間がとれない妻に対しては、「たまにはゆっくり話したい」などとメモを貼っておくのもよいでしょう。「子どもの学校のことで相談があるから、寝る前に5分だけ話せる?」と具体的に用件を伝え、時間を決めて話すのもおすすめします。

私は深刻な話ではなく、雑談をする時間を意識的につくります。子どもが塾に行っている間の夕方6〜8時に、塾の近くのお店でお酒を飲んだりします。お酒を飲んだら深刻な話はしないと決めているので、たわいもない雑談です。時折デートにも行きます。子どもが小学生になり、祖父母の家に泊まれるようになったので、先日は西麻布の気の利いたバーでお酒を楽しみました。夫婦でデートを楽しむ人がもっと増えればと思います。親に預けるのが無理な人は、ベビーシッターを探してみるとよいでしょう。ベビーシッター代はかかりますが、その分夫婦で話ができるので、よい投資ではないでしょうか。

SKILL 6

妻が笑顔になる雑談術⑥
～「ありがとう」を言いすぎて損はない

「自分は仕事から疲れて帰ってきて、家事もやってるし、子どもの寝かしつけもやってる。結構、妻に協力していると思うけど、感謝の言葉の一つもない」と腹を立てたり、悲しく思っている夫の話をよく聞きます。

もしパートナーに感謝してほしければ、自分から感謝することが大切です。

とはいえ、一緒に暮らしているとなんでも「当たり前」になってきて、感謝の気持ちは忘れがちになります。

家族なのに逐一御礼を言うなんてよそよそしい、なんで気を使わなきゃいけないんだと思う人もいるかもしれませんが、それこそが円満の秘訣《ひけつ》だと思います。

私が思うのは、家族間であっても「親しき仲にも礼儀あり」の気持ちでいることの大切さです。

妻も子どもも一人の人格をもった人間で、あなたの所有物ではありません。何かしてくれたら「ありがとう」と言うのは、ある意味当たり前のことなのです。

たとえば、私は風呂上がりにタオル生地のスリッパを履いています。ある日それが見当たらなかったのですが、翌日、きれいになっていたので、妻が洗ってくれていたとわかりました。以前、「ありがたい」と思いながらも伝えていないうちに忘れてしまうことが多かったので、すぐに、「スリッパを洗ってくれたんだね。ありがとう」と伝えました。

すでに会話が少なくなってきていて、どう妻と話すきっかけをつくるか悩んでいる人にも、「ありがとう」はおすすめです。

お風呂を入れてくれていた、夕飯をつくってくれていた、など一緒に暮らしていたら何かしらしてくれていることがあるはずです。それについて「ありがとう」と伝えてみてください。

はじめは、「ありがとう、ってあなたは口ばっかり」と素直にこちらの感謝を受け取らなかったり、反応の薄い妻もいるかもしれません。それでも、言い続けてください。

ある女性は、夫が小まめに「～してくれてありがとう」と言ってくれると、彼女のしていることをちゃんと見ているよ、どれだけやってくれているかわかっているよ、というサインになるのでうれしいと言っていました。

SKILL 7

妻が笑顔になる雑談術⑦
～あえて自分のイヤなところを聞いてみる

ある男女が結婚生活を始めたときの話です。

男性は子どもの頃から風呂のなかで歯を磨きました。それが彼の習慣でした。

女性はそれに驚きました。歯磨きすることそのものよりも、口に入れる歯ブラシを風呂場に放置することが、生理的に受け付けられないと感じました。

しかし、女性はそのことを口にすることができず、イライラを募らせていました。そのうちに女性は次第に男性の行動の違和感にだけ注目するようになりました。

「梅干しの種をお茶のなかに入れる」

「歯間ブラシの匂《にお》いを嗅《か》ぐ」

「髪の毛を抜いて机の上に置いている」

女性はそのことをずっと口にできずにいました。長年の習慣なのだから直らないだろうという思い込みもありました。

あるとき、女性の友達が家にやってきて飲み会になりました。男性も加わりました。やがて話題がお互いの彼氏の「奇妙な行動」になったので、女性は酔った勢いもあり、「この人、お風呂で歯を磨くんだよ」と言いました。男性は「え、そうだっけ」と飄々《ひょうひょう》としています。

「うん、そうだよ」

「ヘン？」

「ヘンていうか、お風呂場に歯ブラシ置いといたら雑菌がついちゃうんじゃない。体によくないいんじゃゃない？」

「あ、そうか。じゃあ、やめる」

と男性はあっさり風呂で歯を磨くことをやめました。女性はこんなに簡単に解決するならもっと早く言えばよかったと思ったそうです。

もしかしたら、あなたが無意識にやっている癖や習慣が妻をイライラさせていることもあるかもしれません。特に女性は生理的なことに関する部分は、指摘したらあなたを傷つけるのではないかという思いもあって言い出せない場合もあります。ですから、自分から「僕のしていることでイヤなところとかある？　あったら教えてくれない？」「僕の癖とか気になってることあったりしない？」などと、あなたから聞いて話しやすくしてあげるのも優しさでしょう。

第5章

キレる妻をもつ夫の秘策

妻の怒りに乗っからない

「男性は女性に口では勝てない」とよくいいます。妻の辛辣《しんらつ》な一言に、ついカーッときて言い返してしまったり、モノに当たったりした経験のある男性は多いと思います。実は、怒りというものは自分でコントロールできるのです。私はそれを「怒らない技術」と呼んで長年お伝えしていますが、このスキルは夫婦が円満にやっていくために男性にこそ身に付けてもらいたいものです。

妻がイライラしてるんだから、妻が学べばいい！　と思う人もいるでしょう。確かに奥さんにもこの本を読んでいただけたらと思います。ただ、妻のみならず他者を思うように動かすことは誰もできませんし、妻を変えるより、あなたが変わってしまうほうが断然早く夫婦関係はよくなると確信しています。

「怒らない技術」でとても重要なのは、「反射しない」ということ。瞬間湯沸かし器にならないことです。

妻がイライラしてあなたにバーっと何か言ってきた、そのなかにカチンとくる一言があったしても、それに乗っからないことが大事です。

変に口論になって、男性が得意な、論理的な話をぶつけられると、逆に話がこじれるばかりだったりすることもあります。正論で追い詰めれば追い詰めるほど、相手はファイティングポーズをとってきたりするのです。

三つのイライラ対処法

誰かに何か言われたり、やられたりしたことに対し、即座に反射すると、「怒り」となって表れやすいものです。

そこで、いろいろな方法を使って「間」をとりましょう。

問題なのは、考えることなく条件反射で応答していることです。

脳の機能には「思考系」と「感情系」があります。

「思考系」とは、断片的な情報を連想し、つなぎ合わせ、合理的な判断をしようとする機能です。一方の「感情系」とは脳の原始的な欲求に関することです。お腹が空いたら何かを食べたくなりますし、疲れてきたら休みたくなります。こういった人間の生理的な欲求全般に関する機能です。

イライラしたら6秒数える

イライラや怒りは感情系が優位になっているときに生まれやすいのです。そこで「間」を置いて、「思考系」が働くチャンスを与えます。学問的には6～10秒といわれます。

ストップシンキング（思考を止める）は、イライラするような出来事が起きた瞬間に、頭のなかで、1、2、3……というふうに六つ数えるというものです。

それだけでもスッとイライラや怒りが収まってくるのがわかります。

イライラしたらその場から離れる

イライラしたら、その場から離れることがおすすめです。それによって脳の感情系が暴走してしまうことに歯止めをかけるのです。タイムアウトというスキルです。


カップルで話をしていてイライラしたときは、怒りの空気が渦巻いているその場から離れます。相手がイライラしていると感じたときも同じです。

たとえば、「ごめん、ちょっとトイレに行ってくるね」「あ、そうだ。(植物に)水やりするのを忘れてた。3分だけ待ってもらってもいい?」などと言って席をはずします。そして、窓の外を見たり、外へ出て深呼吸したりして心を落ち着けます。相手にとっても冷却時間になります。

体と感情はセットなので、体を動かすことで感情を変えることができます。

イライラしたら目の前の景色を変える

イライラは悩みや不安から生まれます。

悩み苦しんでいる人が多いのは、それだけ生真面目な人が多いということです。生真面目な人は悩みと正面から向き合い、「この問題が解決しない限り、自分の人生は一歩も前に進まない」と思ってしまうのです。

イライラと接近しすぎ、悩みと自分との「間」がなくなってしまいます。優位になった感情系の働きに拍車がかかっていくだけです。そこで、目の前の風景を変えて「間」をとるように心がけるのです。

これをリロケーションアイと言います。

昼休みに行ったことのないカフェに入ってみる、いつもと違う経路で通勤してみる、違う駅で降りて歩いてみる、いつもと違う店で買い物をしてみる、などの方法があります。

本格的なリロケーションアイには、パートナーとの物理的な距離をとるという方法もあります。一緒に暮らしていたら、1〜3日間くらいと決めて友達の家やホテルに泊まりま

す。効果的に「目の前の景色を変える」には、日常体験していることではなく、

- やったことがないこと
- チャレンジしたことがないこと
- ちょっとストレスがかかること

をあえてやるのがポイントです。

いろいろな方法はありますが、反射しないということがものすごく大切なのです。それだけで冷静になれ、「でもね」と話すことができます。

自分の感情は自分で選べる

『夜と霧』（ヴィクトール・E・フランクル／みすず書房）という本があります。

精神科医であり心理学者である著者が、ナチス強制収容所での実体験をもとに考察したものですが、この本のなかに次のような一節が登場します。

「あらゆるものを奪われた人間に残されたたった一つのもの、それは、与えられた運命に対して自分の態度を選ぶ自由、自分のあり方を決める自由である」

これは、どんな極限状態にあっても、自分の感情をどう表現するかは自分自身で決めることができるということです。

イライラやムカムカは、相手に与えられたものではなく、自分で選んでイライラ、ムカムカしているのです。

たとえばAさんに、間違いを指摘されてイライラしたとします。でも、同じことをBさんにされても、イライラしなかったというような経験があるでしょう。

ですが、別の日にBさんに同じことを言われたら、今度はキレてしまうかもしれません。これはあなた自身が自分で感情を選んでいるということです。相手によって感情を選んでいるのです。

たとえば、新婚当時はラブラブだったのに、いまでは顔を合わせれば怒鳴り合うようになってしまった夫婦がいます。これも決して、「相手のせいで怒鳴った」わけではありません。

自分が相手を怒鳴ろうという明確な意思決定のもとに行動を起こしているのです。他人のせいにして自分を正当化してはいけません。それは逃げているだけです。

イライラやムカムカなどの「ネガティブな感情」をゼロにすることはできません。しかし、日々襲ってくるネガティブな感情によいも悪いもありませんし、ネガティブな感情をもっていない人もいません。

喜怒哀楽という感情があるように、ネガティブな感情は、むしろ、使い方によっては人が成長する原動力になるような人間が生きていくうえで非常に大切な感情の一つです。でも、その表現方法には「よい」「悪い」があって、それを決めているのはあなた自身だということです。

私は「イライラ」「ムカムカ」のうちの8割は不必要なものだと考えています。

この8割の不要な感情の乱れは少しずつ減らしていきます。そして必要な2割の感情については正しく表に出していくようにすることで、感情をマネジメントできるのです。

よく、怒りたい時に怒らないとストレスが溜まるのではないかという質問をいただきます。それは、怒ることとストレスの相関関係を誤解しているのです。なぜストレスが溜まるのかと言えば、伝えるべきことを伝えていないからです。それがストレスとなり、またイライラの元になるという悪循環を引き起こす。ある意味、妻の一言にムカッときて「バカヤロー」と言い返したところでなんの問題解決にもなりませんし、あなたの本当の気持ちは伝わっていません。目的は、本当の思いを伝えて行動を変えるところにあります。

誰もがマイルールをもっている

では、なぜ人は感情が乱されるのでしょうか。それはあなたの「心の枠」が原因です。おさらいになりますが、枠とは「価値観」「自分なりの常識」「固定観念」「想定」「期待」「思惑」などです。心の枠の数や大きさは人それぞれになります。

たくさんもっている人もいれば少ない人もいます。一つ一つの大きさも小さい人もいれば、大きな人もいます。

日常生活を送っていると、心のなかに目に見えないボールが飛んできます。ボールとは、相手の言葉や態度です。

それが心の枠のなかにすっと収まれば、心は穏やかなままです。あるいは「そうだ、その通りだ」と同意することもあるでしょう。イライラや怒りにつながりません。

ところが、言葉や態度が心の枠の外に来ると、イライラや怒りにつながります。

私は学生時代、ハードロックバンドのボーカリストでした。ハードロックが好きな人からは「魂を揺さぶられた」「刺激的だった」と言われますし、そうでない人には「耳障り」「やめてくれ」と言われたことがあります。

音楽は同じでも「心の枠」によって受け取り方が違っていました。

「心の枠」とは「価値観」「自分なりの常識」「固定観念」などだと前述しましたが、それは端的に言えば「〇〇すべき」というマイルールです。

このマイルールが守られないと感情は乱れます。

「○○すべき」が感情を乱す

「○○すべき」が多いと感情を乱される頻度が増えます。

「○○すべき」の数が少なくても、一つの強度が強いと感情が乱される頻度は増えます。

あなたのなかにもマイルールがあるはずです。

パートナーに対しての「こうあるべき」もマイルールです。たとえば、「夫は早く帰宅して一緒に夕食をとるべき」「妻は夫の帰宅まで起きて待っているべき」もマイルールです。

イライラしだした妻に効く一言

心の枠の大きさは、いつも同じではありません。絶えず膨らんだり縮んだり。気持ちや体調の変化で、大きくなったり小さくなったりします。数も同じではありません。増えたり減ったりします。

たとえば、疲労と空腹にも大きく関係します。優しさや思いやりは余裕がないと生まれません。

だから私は「怒らない技術」の究極の奥義は「寝る」だと思っています。疲れてイライラするのは、脳が疲れてしまっていて、相手に対して思いやりがもてなくなっていたり、細かい作業をするのがイヤになってしまっているのです。

一晩ぐっすり寝て、脳がリフレッシュすると、「一体なんでそんなことでイライラしていたのだろう」と思うこともよくあります。

ですからパートナーと「イライラしてきたら休もう」ということを共有しておくととてもよいのです。相手がちょっとイライラしてきたなと思ったら、「少し横になったら」「休んで甘いものでもちょっと飲んだら」と言葉をかけてあげてください。

枠が大きく膨らんでいれば相手の言葉や態度は、ほとんど枠のなかへ入ります。枠が縮んでいたときにイライラや怒りの対象だったことでも「取るに足らないこと」になります。

反対に何かの拍子に枠が縮んでしまうと、普段気にならないことでもイライラや怒りの対象になります。

パートナーに言われた「馬鹿だなあ」が愛情をもった言葉に聞こえたり、蔑《さげす》みの言葉に聞こえたりします。

つまり、遭遇している出来事は同じでも、そのときの気分や体調によって受け取り方は変わります。受け流せることもあれば、キレて怒り出すこともあります。いずれにしてもイライラや怒りがあなたの心の枠の広い狭いによって決まります。

怒らない技術を身に付けて、枠を広げることができれば、感情の乱れを減らすことができるのです。

自分をイライラさせるのは自分しかいない

パートナーの発言にイライラしたとしましょう。

「なんで妻は腹の立つようなことばかり言うのだろう」

そう思うかもしれません。

つまり、妻が自分にイライラや怒りを「与える」気がします。でも、そうではありません。

実はパートナーの言葉や行動に反応して、あなたが「イライラする・しない」「怒る・怒らない」を選んでいるのです。

「こんなことがあった。だから怒る」

「こんなこと言われた。だからイライラする」

などと相手の行動や言葉を自分の感情に結びつけて、怒ったり、イライラしたりしています。

でも、出来事そのものには意味がないのです。出来事に意味づけをしているのは、実はあなたです。実際にはどんな出来事もあなたの感情を乱すことはできません。

そこには「怒らない」「悩まない」「落ち込まない」という選択肢があるからです。

それにもかかわらず、あなたが「怒る」「悩む」「落ち込む」という選択をしているのです。

「責任」は英語でresponsibilityと書きます。response（反応）とability（能力）からなる言葉です。

ですから反応＋能力が責任だということです。

これはどういうことでしょうか。その人が自らの能力のなかで反応したことが責任ということです。

イヤなことが起きたとき、ついつい他人《ひと》のせいにしてしまうでしょう。実は、すべて自分の責任なのです。

出来事そのものには意味がないのです。あなたの受け取り方がすべてを決めています。

オー・ヘンリーの代表作に『賢者の贈り物』があります。

貧しい夫妻が相手にクリスマスプレゼントを買うお金を工面しようとします。

妻のデラは、夫のジムが祖父と父から受け継いで大切にしている金の懐中時計を吊《つ》るすための鎖を買うために、自慢の髪を、髪の毛を売る商人のもとでバッサリ切り落とし、売ってしまいます。

一方、夫のジムはデラがほしがっていたべっこうの櫛《くし》を買うために、自慢の懐中時計を質に入れていました。


この話が美しい話として成立したのは、夫妻の出来事の受け取り方がよかったからです。お互いの思いやりという「賢者の贈り物」にフォーカスしたから愛を深めることができました。

もし、「せっかく私が髪を切ったのに」「せっかく私が時計を売ったのに」などと「自分の思い」にだけフォーカスしたら、イライラどころでは済まなかったでしょう。ジムとデラは破局していたかもしれません。

何度も繰り返しますが、目の前の事実、起こった出来事には意味がありません。それを、怒る理由にもできるし、怒らない理由にもできます。落ち込む理由にもできるし、落ち込まない理由にもできます。そして、人を愛する理由にもできるのです。

私は結婚当初、妻に対してイライラしてしまうことがありました。

そこで、怒らないと決めることにしました。いままでは私は怒りに感情を支配されることはありません。ここは怒ったほうがいいなと感じたときに意識して怒ることはたまにあります。

もしイライラすることがあっても、その感情をぶつけることはほとんどしません。私は日頃から妻に、

「怒るか怒らないかは自分が決めているんだよね。僕は怒らないと決めている」

「議論をするのは歓迎だけど、感情をぶつけ合っても何も生まないよね」

と言っています。

彼女もそれを理解してくれているので、いまはほとんどケンカをすることはなく、何かあったら話し合うようにしています。

ずっと変わらず幸せがある場所

幸せはどこからやってくるのか。それは、どこからでもなく、最初からあなたの心のなかにあります。

幸せとは、他人から幸福に見えることではありません。自分が幸せだと感じる状態のことです。

あなたが幸せかどうかはあなた自身が決めることです。男女二人の幸せはあなたとパートナーが決めることです。

妻がいつもイライラしている。それに対して、自分はイライラしないと決める。それだけでも、あなたのイライラは半分以上減るのではないでしょうか。「どうして妻はイライラしているんだろう」「疲れているのかな」「仕事でイヤなことがあったのかな」など相手のことを思いやる余裕が生まれるかもしれません。

あなたの反応が変われば、一息ついて話し合いをもつようにしようと冷静に考えられるようになるでしょう。

心のハンドルを唯一握れる存在

では、怒りや悩みはどこからやってくるのでしょうか。

あなたの許可なくして、誰もあなたを怒らせることはできません。幸せ、楽しい、落ち込む、つらい、苦手、傷つく、劣等感、自信、どんな感情もすべてあなたの問題です。

では、パートナーに心を乱されるとはどんな状態でしょうか。それは相手に心を奪われてしまっている状態です。

自分の心が相手に支配されている、要は自分の心がパートナーにコントロールされてしまっている状態です。

私はいまはほとんど怒らないし、悩まないし、落ち込まない。自分の心のハンドルは自分で握ると決めているからです。

TRY

焦点を変えてみる
～マイナスからプラスにフォーカスを変えてみよう

感情マネジメントの最も代表的な方法をご紹介します。

それはフォーカス（焦点）を変えることです。

物事は、どこをどのように見るかで見え方がまったく変わります。

たとえば、あなたが買ってきたドーナツにかじられた跡があったとします。

かじられた部分にフォーカスすると「誰だ！　ドーナツを食べたのは！」と思いますが、残っている部分にフォーカスすると「全部食べられなくてよかった」と思えます。

単純な話に感じるかもしれませんが、日常生活のイライラの原因にも似たことが多いのです。

「はじめに」でご紹介した通り、かつての私は「恐怖」「脅迫」「ドッキ」のＫＫＤマネジメントで部下をまとめようとしていました。上司が部下にできる最大の貢献は、部下に目標達成させてあげることと考え、部下に目標を達成させるためなら、どんなことをしても構わないと信じていました。毎日、イライラしながら不機嫌な表情で部下を見回し、何かあれば「馬鹿野郎！　やる気あるのか！」と叫びまくり、ペンを投げつけ、怒りを示すために事務所のゴミ箱を蹴っ飛ばしていました。

当時は、部下の遅刻にも厳しく対応していました。遅刻した部下を怒鳴り、吊るし上げていました。でも、あるときからやめました。

フォーカスするところを変えたのです。それまでは遅刻した部下にフォーカスしていましたが、時間通りに出社して頑張っている部下にフォーカスするようにしました。

遅刻した人にだけエネルギー・労力・時間を使い、すでに一生懸命働いている人に、それらを使わないのは申し訳ないし、合理的ではありません。

さらになぜ遅刻者に厳しかったのかを振り返ると、それは自分自身の恐怖心だとわかりました。

遅刻者を許したら、きちんと出社した部下のなかに「叱られないなら、自分も多少遅れても大丈夫だろう」と考える人が出て、組織の秩序が乱れるのではないかと恐れていました。

もっと部下を信じていいし、さらに遅刻していちばんまずいと思っているのは本人だから自己反省を信じ、いちいち叱るのをやめようと思いました。

その結果どうなったか。遅刻者は増えることもなく、減ることもありませんでした。むしろ、人に対して私が怒鳴り散らすことがなくなったため、部下は気分よく働けることになり、全体としてはプラスに働きました。

また、「フォーカスを変える」に関する、とても感動した話があります。「ソウル・サーファー」という映画のモデルになったある実在の女性サーファーの話です。

ベサニー・ハミルトンさんは、ハワイで生まれ育ち、サーファーである両親と二人の兄に囲まれ、幼い頃からプロのサーファーになることを夢見ていました。13歳のとき、悲劇が彼女を襲います。いつものようにサーフィンをしていると、サメに襲われ、左腕を失ってしまうのです。全身の血液の約60％を失う重傷でしたが、退院するとすぐにサーフィンに復帰、のちに全米アマチュアサーファーの大会でチャンピオンに、またプロのシリーズにも出場するようになりました。

彼女がインタビューのなかで、「片腕を失ったことについてどう思うか?」という質問に、こう答えていました。

「片腕を失わなければ、こんなにも注目されることはなかったし、映画にだってならなかったわ」

悲劇すらパワーに変える、彼女のフォーカスする力に心を打たれました。

パートナーは鏡のなかの自分

フォーカスの当て方はとても重要です。

実際には大部分がＯＫなのに、マイナス部分だけを強烈に意識してしまい、それがイライラの原因になっていることが多いのです。

マイナスに心を握られている状態です。

パートナーに「してもらっていること」を忘れ、「してくれなかったこと」だけが気になってイライラするというのも同じです。

たとえば、ケンカした翌日のお弁当が日の丸弁当だった（いつもはバランスのよいおかずのお弁当をつくってくれる）ことにイライラしたりするのはもったいないといえます。妻が「いつ昇進するの？」とプレッシャーをかけてくることにイライラしているのももったいない。「自分に期待しているんだな」と捉えてみれば、「楽しみに待っててね」くらい言えそうなものです。

妻のマイナスは自分のマイナス

では、なぜパートナーのマイナス部分が目につくのでしょうか。

それは、あなたにも同じような要素がある、もしくは、過去のあなたがそのような欠点をもっていたということです。たとえば、「自分から歩み寄らず頑なな態度をとる」「一言多い」「自分のことは棚に上げて指図する」などなど。

特に心に余裕がないときに、相手のマイナスが際立って見えます。

もしパートナーの欠点ばかりが気になるなと感じたら、一度立ち止まって相手と自分の要素をよく観察してみてください。

何かしらの共通点が見つかるはずです。つまり妻にイライラしているわけではなく、自分にイライラしているのです。

妻のマイナス部分ではなく、出来事にフォーカスしてみよう

人ではなく出来事にフォーカスすると、ものの見方が変わります。

たとえば、コンビニのレジ係がもたついているために、イライラしたことのある人は多いでしょう。

ですが、コンビニのレジ係の人柄までわかってイライラしているわけではありません。レジ係が本来すべき仕事がスムーズにできていないことにイライラしているのです。つまり、レジ係にイライラしているわけではなく、レジ係の仕事にイライラしているのです。

これが出来事にフォーカスするということです。「あなたがダメなのではない。あなたの作業がダメなのだ」ということです。

妻と結婚する前、はじめて旅行に行くことになりました。ですが、待ち合わせの時刻になっても彼女が来ません。

私はもともと短気なので、時間通りに彼女が現れなかったときから、すごくイライラし

ていました。当時は携帯電話がまだ一般的ではなく連絡もとれません。
30分過ぎた頃、「頭にきたから帰ってしまおう」「来たら怒鳴り散らしてやろう」という気持ちになりました。

ですが、時間が過ぎると、あまりにイライラしている自分を見つめる余裕が生まれました。

「なんでこんなにイライラしているのだろうか」

「頭にきたら帰ればいいのに、まだここで待っているということは、自分は彼女と旅行に行きたいんだよな」

「いまは彼女が遅刻したことだけを考えているけど、本当に考えなくてはいけないのは、どうしたら彼女と楽しい旅行をできるかだろう」

そうするとイライラしていてもしかたがないと思うようになりました。

そして、ついに1時間後に彼女がやってきたときには自分でも不思議なくらい落ち着いて、「大丈夫だった？　何かあった？」と話しかけることができました。

「せっかくあなたと旅行に行くのだから、服を選んだり、お化粧をしていたら遅くなってしまった。ごめんね」

それを聞いて、正直、「服選びに1時間もかかるのか」と内心思いましたが、そこにフォーカスしたらまたイライラするので、「一緒に旅行に行きたい」という本心にフォーカスをし、「そうか」「会えてよかったよね」と答えました。おかげで楽しい旅行ができました。

もしイライラしたままで、彼女の顔を見た瞬間に怒鳴り散らしていたら、旅行に行かなかったかもしれません。仮に行ったとしても楽しいものではなくなってしまったでしょう。そうなると、彼女と結婚しなかった可能性が大です。

イライラを収めるか、イライラを爆発させるかで、人生は変わる可能性があるということです。

ムカッときたら、「解決に焦点を当てる」ことを忘れないでください。「自分が本当に望んでいることは何？」と自問してみてください。

第6章

妻との仲を深めるときは

妻は思い通りに動かない

私は長年、組織のなかでの部下育成に悩まされ続けてきました。その時代の私のマネジメント手法は妻も見ています。

情報通信機器販売会社の営業部長をしていたとき、妻は同じ部署でテレフォンアポインターをしていました。

その後、私が独立したとき、彼女も新しい職場を探していたので、「新しい会社で事務をやってくれないか」と誘いました。

当時は恋人関係ではなく、部長とスタッフ、社長とスタッフという関係でした。その頃を振り返って、妻が私にこんなことを言ったことがあります。

「当時のあなただったら絶対に結婚していない。こんな短気で、勝手な人の奥さんになる人はかわいそうだと思っていた」

当時の私は「人は動かせるもの」と思っていました。

だから「なぜ思った通りに動いてくれないのか」とイライラし、管理者向けセミナーなどに通って勉強していました。

あるとき、人材育成に定評のある会社の営業部長が少人数のセミナーをやってくれることになりました。私はそれまでセミナーで質問した経験はありませんでしたが、人数が少なかったこともあり、思い切って営業部長に聞きました。

「○○さんも部下が思ったように動いてくれないことがあると思います。そんなときはどうしているのですか。注意していること、気をつけていることがあったら教えてもらえませんか」

「嶋津さん、部下を動かそうと思うなんて、ちゃんちゃらおかしいですよ。上司は部下が自ら動こうとする環境をつくることが大切です」

私はこの一言から大きな財産を得ました。

それは「他人は変えられない。自分は変えられる」という言葉がありますが、それまでは「変えられない他人」である部下にフォーカスし、変えようとしていました。それがうまくいかず、ストレスが溜まっていました。

ですが「変えられる環境」にフォーカスを当てることを覚えたことは私にとってとても大きな出来事でした。人材マネジメントではなく環境マネジメントが大事だと知ったのです。

これは男女の関係にも当てはまります。

「変えられない他人」であるパートナーを思った通りに動かそうと思うことがそもそもおかしいのです。パートナーから引き出したい行動を明確にし、パートナー自らがしたい、やらなきゃいけないと思ってもらうために、自分に何ができるのかという発想に立ちます。これを私は相手軸コミュニケーションと呼んでいます。一方、パートナーを思い通りに動かしたいという自分本位の発想に立っている状態は自分軸コミュニケーションと言っています。人間関係全般、とくに夫婦間のイライラは相手軸コミュニケーションを心がけるとずいぶん緩和されるものです。

たとえば、部屋のあちこちに、写真がピンやマグネットでバラバラに貼ってあったとします。そういうときにパートナーに「整理して飾ってほしい」というのではなく、「フォトフレームを買って入れてみない？」と提案します。相手が同意してくれたら、「フレームをネット通販で買うから、入れてくれないかな」などと話します。

相手軸に立つ第一歩

過去の私は男女のコミュニケーションでも、接し方の違いを痛感していました。

情報通信機器販売会社を辞め、独立し、営業会社を経営していた頃は、スタッフのほとんどは男性でした。逆に、現在携わっている教育事業ではスタッフの全員が女性です。そうした経験から次ページの図のような傾向を感じています。

男性スタッフ、女性スタッフと接して感じること

男性	女性
目標に向かって 計画的に行動したい	現場の状況に応じて 臨機応変に行動したい
仕事は一つずつ	仕事は同時並行
自分の話は賞賛してほしい	自分の話に共感してほしい
失敗を分析したい	失敗を話したい
悩んだり落ち込むと黙りこむ	悩んだり 落ち込むと話したくなる
話にはまとめが必要	話にはまとめは不要

当社のある女性スタッフが家庭の事情で辞めることになりました。

長年私を支えてくれていたエースだったので、続けてもらえないかとお願いしたのですが、彼女の意思は固まっていました。

私は他の女性スタッフと話をしました。

「これからは彼女抜きでやっていくことになるけれど、困っていることや要望があったら言ってほしい」

すると一人の女性が「嶋津社長が怖い」と言うのです。びっくりして話を聞くとメールの言葉遣いがぶっきらぼうなことが原因でした。当社のスタッフは在宅勤務が多く、通常は電話とメールでのやりとりです。

それまでの私は「社内メールは意味がわかればよい。丁寧に書く必要性はない」という考えでした。たとえば、「電話してほしい」ときには「電話」と一言書いて送っていました。

そして「私のメールはぶっきらぼうだけど悪意はまったくない。仕事のスピードを重視してのことだから気にしないでほしい」と折に触れて言ってきたので、理解してくれていると思っていました。実際の電話では普通に話していたので、怖いと思っているとは考えていませんでした。しかし彼女はそっけないメールを見るたびに「怒られるんじゃないかと思う」と言ったのです。

私は彼女に甘えていたのだと気づきました。やはり、親しき仲にも礼儀ありなのです。

それからはメールのやりとりを変えました。これまでは業務に対し、返事をしないか、短く「ありがとう」と送るだけでした。現在は労《ねぎら》いの言葉を添えて送っています。

ある女性は、夫の命令口調に傷ついていました。たとえば「お茶、淹《い》れろ」「風呂をわかせ」など。絵に描いたような亭主関白ぶりです。彼女は、「言われてから行動するのがイヤだし、夫の言い方が怖いので先回りして言われないように心掛けているのですが、疲れてきました。女は男の言う通りに動くもの、オレがいちばん偉いとでも思っているのでしょうか？」と思い詰めた様子でした。

いまどきここまでの人は珍しいかもしれませんが、女性というのは、男性が思う以上に言葉にデリケートに反応します。

たとえ、妻に対して腹を立てたのではなくても、何かに対して「クソ、頭くる」「ちきしょー」「死ね」みたいな怒りの言葉が耳に入ると、反射的に「怖い」と思うし、嫌悪感を抱くものです。

子どもの前でそういった乱暴な言葉を吐いてしまって、妻から咎《とが》められたことのある人もいるかもしれません。そのような不穏な言葉は不穏なエネルギーを周囲にまき散らしてしまいますから、おすすめしません。

乱暴な言葉を吐くというのも、一つの怒りの反応です。

言葉を怒りの道具にしてしまっています。しかし、言葉はそもそもなんのために使うものでしょうか。

言葉は相手から必要な行動を引き出すための道具です。

食材を切ろうとして包丁の切れ味が悪かったら、別の切れる包丁をもってきて切ります。それと一緒で、必要な行動が引き出せないということは、道具が悪いのです。つまり言葉が悪い、伝え方が悪い、コミュニケーションの取り方が悪いのです。

あなたが人にお金を貸したとして、いくらなら「返して」と要求しますか？　答えはみんなそれぞれ違うでしょう。

つまり、それぞれ行動を起こす沸点が違うのです。その行動を起こす沸点を導き出すために、道具である言葉、伝え方、コミュニケーションを徹底的に変えていかないと伝わるコミュニケーションにならないのです。

幸福感が生まれるコミュニケーション

コミュニケーションの取り方を変えると男女の幸せ感が変わります。

愛し合っている男女であっても、あなたの好きは相手の嫌いかもしれない。あなたの嫌いは相手の好きかもしれない。それなのに自分の思いや考えを正しいと決めつけて相手に接したら関係が壊れてしまいます。

コミュニケーションの質を高めるためには、「目に見えない相手の心のなか、頭のなかをいかに理解するか」です。

ある30代前半の夫婦の話です。夫は毎日忙しく終電で帰宅します。時には終電に乗り遅れてタクシーで帰ってくることもあります。妻も働いていますが定時に帰宅し、二人の子どもの世話をしています。

妻は最初、夫のことを「遅くまでご苦労様」と受け入れていました。

しかし、そういう生活が5年、6年と続き、妻は次第に不機嫌になってきました。夫は自分のせいだと気づいていました。妻も「仕事だからしかたがない」と不満を飲み込んでいました。

こうして表面上は普通にコミュニケーションをとっていました。

ところがあるとき、夫は妻がイラだっていることに我慢できなくなり、「仕事で疲れて帰ってきているのに不機嫌になるのはやめてくれ」と言いました。それをきっかけに妻もキレてしまいました。

知ってほしいのは、怒りというものは二次感情で、本心である一次感情が隠されているということです。表面的な怒りに躍らされることなく、夫が妻を理解しようとしたらどうでしょうか。

毎日不機嫌な妻を見て「自分が遅く帰っているせいだろう」と感じ取っているなら、「ちょっと話をしていいかな」と言ってから、「仕事とはいえ、長い間帰りが遅くなっているのは申し訳ないと思っている。最近、調子が悪そうだけど、家のことや子どもたちのことで何か困ったことが起きているのかな」などと切り出してみます。

たとえば妻から「私だって仕事をして、子育てをして、家では大変な思いをしているとわかってほしかった」「一人で子育てしているようで寂しかった」という言葉が出たら、まずは「そうだったのか」と受け入れます。

相手の表に出てきている態度、行動、反応、言葉と、自分の思いや考えを擦り合わせても絶対にコミュニケーションの質は高くなりません。

表に出てきている態度、行動、反応、言葉は、気を使っているのかもしれない、配慮していることがあるかもしれない、遠慮していることがあるかもしれない、もしかしたらごまかしていることがあるかもしれない、ひどいときは嘘をついていることがあるかもしれない。これらは本音ではないことが多いからです。

妻、夫、子ども。複数コミュニケーションのコツ

パートナーのコミュニケーションは相手と自分で、相手軸を考えることが大切ですが、そこにもう一人加わると軸は二つになります。

そうなったときにどんなことができるでしょうか。子どもがいる場合や、自分たちの親の問題など、この考え方を知っておくとよいでしょう。

私の経験です。

私が出張中に妻から電話がありました。相談内容をかいつまんで言うと、

●翌日の土曜日に息子のバスケットボールの練習試合がある

- 息子は学校を一限目で早退し、練習試合に行きたいと言っている
- 妻は授業がすべて終わってから練習試合に行けと言っているが、言うことを聞かない

ということでした。

私は「息子はどう感じているのか」と思いました。なぜ学校を早退してまでバスケに行きたいのか、本心を聞く必要があると思いました。そこでスマホのスピーカー機能を使って三人で会話をしました。妻の言い分は、

「この話は1週間前に話し合って合意している。授業が終わってから行くと決め、先生にもバスケのコーチにも連絡した。それなのに前日になって子どもが言い出した」

「なぜそんなに行きたいのかわからない」

「レギュラーではないので試合に出られる可能性は少ない。まして公式戦ではなく練習試合。授業をさぼってまで行く必要はない」

「なぜ今日になって気持ちが変わったかといえば、チームメイトに誘われたからだ。友

達に言われたからと考えが変わるのは流されているようでイヤだ」

というものでした。

このことが起きる以前にも、息子が友達の意見に流される傾向にあるという出来事が何度かあり、そのことに妻は不満を感じていたようでした。

息子の言い分は、

「1週間前の話し合いで合意はしていない。話が終わっていないのに、母親は家事を始めてしまった。その後も1週間前もいまも自分の気持ちは変わっていない」

そして、三人でこんなことを話しました。

- 学校を早退して練習試合に行ったときのメリット／デメリット
- 授業をすべて終えてから練習試合に行ったときのメリット／デメリット

長く話していたら妻が、

「ラチがあかないから、学校が終わってから行く、でいいじゃない」

と言ったので、私は、

「いやいや、父親がどう思うか、母親がどう思うかを話すのは大切だけど、最後は子どもに決めさせないとダメだと思う」

と言いました。

私は「成長とは自分で決めて責任を取ること」と考えているからです。話し合いの末、学校に行ってからバスケに行くと決めました。

自分軸の話し合いを経て、相手軸の話し合いへ

40分後、子どもが寝たのを見計らって、彼女に電話しました。

「今回の話し合いはとてもよかったと思う。これをもっとプラスに活かすことはできな

いかな。何か提案ある？」

「こうしようと思う」と最初に私が言うのではなく、まず「何か提案ある？」と妻の気持ちを確認しました。妻は「特にない」と言うので自分の考えを伝えました。それは次のようなものです。

「明日の朝、バスケの道具を玄関に置いて、息子が起きてきたら『バスケに行きたいんでしょ。行ってきな。そのかわり、これから一生懸命練習して、活躍しなかったら承知しないよ』と冗談まじりに言って送り出してほしい。『ランドセルは学校近くのカフェで預かるから早退しな』と言ってほしい」

彼女には予想外の提案だったようで「受け入れられない」と言いました。

「僕の提案だから、やりたくなければやらなくてもいい。ただ、バスケットに対する意欲や母親と子どもの関係性が変わると思う」

自分の経験から、本当に自分のやりたいことを母親に反対されたらつらいこと、自分を応援してくれていると思えた瞬間はうれしいことを伝えました。

私は高校受験のとき、地域でも有名な高校を受験したいと思いました。しかし、担任の先生は「合格する確率が低い」という理由で受験を許してはくれませんでした。すると、母親がものすごい剣幕で先生に掛け合ってくれたのです。「私はこの子の可能性を信じています」と言ってくれました。私は母親に応援されていると感じ、とてもうれしかったのです。結果的には落ちたのですが、人生を振りかえると後悔もないですし、とてもいい経験になりました。

「バスケに行くことを許したら、そうなるという保証はあるの？」

「それは結果論だからわからない。吉と出るか凶と出るか。でもやる価値はあると思うよ」

翌朝電話を入れて、どうしたかを聞きました。彼女が実行してくれていればうれしいですが、それを受け入れるかはあくまでも彼女の意思なので、実行してくれていなくてもしかたないという気持ちでした。

「正直、私にはよくわからなかったけど、あなたのほうが男の気持ちがわかるだろうから、言う通りにやってみた」

彼女が心から腑《ふ》に落ちていたわけではないのに、私の言葉を信じて、実行してくれたことには感謝しかありませんでした。

勝ち負けを争う議論は不毛

私はそもそも相手のことをまず考える、なんて人間ではなかったのです。では、どうして相手のことを考えるようになったかといえば、ビジネスシーンで「勝ち負け」が目的になっている議論を見てきたことの影響があります。

あまりに自己主張が強い人を数多く見るうちに、これでは問題は解決しないし、人間関係も悪くなるばかりだと感じました。

知り合いが得意げにこう言ったことがあります。

「オレは議論をして負けたことがない。なぜなら勝つまで話すからだ」

これを聞いて私は、「この人とは話をしたくないな」と思いました。この人は議論の目的を勘違いしています。

本来議論の目的は、Aという意見とBという意見をもちより、Cという着地点を見出すことです。ところがこの人の場合、自分のAという意見を押し通すことだけを考えているのです。

パートナーと「私はこう思う」と主張したとき、「それは違う」と議論することがあります。白熱してくると、互いに譲り合わず、「自分が正しい」と主張し合うことになります。

でもどちらが正しいかといえば、両方正しい。相手を認め受け入れることが大切です。相手を否定する権限はありません。

自分の意見と違うから相手の意見が違っているということではなく、それはその人の考え方です。自分の考えを主張するのはいいことですが、相手の意見を否定する権利はないし、否定してはいけないのです。

それでも自分の意見を押し通そうとすると、イライラは募り、やがて口論へと発展していきます。

自分が正しいと思い込んでしまうと、すべての非は相手にあることになります。他人のせいにし続ける限り、少しのことですぐにイライラすることになります。

勝ち負けのパラダイムで議論している人たちは、相手の主張を「なるほど」と思っても、「負けてはいけない」一心で否定し、自らの正当性だけを延々と話します。まさにディベートです。頭の切れる人は論破の仕方も上手で、「それを言ったら人間関係が終わってしまう」ことでも平気で言います。

そうした場面を何度か体験するうちに、もっとお互いが幸せになるようなコミュニケーションはできないかと考えるようになりました。

喜ばれるコミュニケーションとおせっかいの境界線

私の知り合いで、とても几帳面で神経質な男性がいます。家のなか、家の周りの掃除を熱心にやります。パートナーも必ず手伝わせます。性生活も週に一、二度あり、そのことを自慢げに吹聴していますが、人づてに「奥さんが『正直困っている』と言っていた」という話を聞いたことがあります。

自分はよいと思っていても、相手にはそうではないことがあります。

私にも似た経験があります。大学時代バンド仲間の女性がいました。あるとき一緒にお酒を飲んでいて彼女とキスをしました。

彼女にとっては酔ったうえでの軽い出来事だったのかもしれませんが、私はまだウブな19歳で「彼女は自分の恋人」という感覚になっていました。

頻繁に会うようになり、そのうちに彼女の誕生日が来ました。私はサプライズを計画しました。

「シャンパンとケーキをもっていったら喜んでくれるだろう」

自転車で10分くらいの所にある彼女のアパートに向かいました。ケーキが崩れないように気をつけながら慎重にペダルを踏みます。玄関を開けた途端に満面の笑みで喜ぶ彼女の姿を思い描き、ワクワクしながら彼女の家に到着しました。

チャイムを鳴らして彼女がドアを開けました。

「誕生日おめでとう。一緒にお祝いしよう」

すると彼女は困ったような顔をしました。眉間《みけん》にやや皺《しわ》をよせ、あきれたようなため息をつきながら目線を下に落としました。思い描いていた笑顔とはまったく違う表情を浮かべていました。

「こっちにも都合があるって考えないの？」

思い描いていた構想がガラガラと崩れる感じがしました。もしかして別の男が部屋のなかにいるのか、とも思いました。

しかし、彼女は部屋に入れてくれました。そのうえで真面目な顔で、

「これから出かけようと思っていたの。約束しているわけでもないのに、いきなり訪ねてくるなんてあまりにも失礼じゃないの？」と諭すように言われました。私はがっかりしてシャンパンとケーキを渡して帰りました。

こうしたらきっと彼女が喜んでくれる。

それは自分の勝手な思い込みでした。落ち込んだと同時にすごく反省しました。

そのことや、「はじめに」でお伝えしたように、妻に「私はあなたの部下ではない」と言われたことなどをきっかけに、改めて自分の行動を考えました。

それ以来、自分が何を思い、考え、何をしたいのかではなく、相手が何を思い、考え、

何をしたいのか、相手はなぜそんなことを言ったのか、なぜそういう行動を起こしたのか、を考えるようになりました。

それまでの私は、小さな子どものように、自分の思いや考えをわかってもらうことに一生懸命で、相手が理解しないとイライラしたり、怒ったりしていました。

それはほぼ無意識なのですが、提案のほとんどが自分の価値観に基づく主張だったと思います。ですが相手を理解することから始めるようになり、コミュニケーションの質が変わった気がするのです。

イライラの奥の本音を感じる

ある男性からこんな相談を受けたことがあります。

「妻と旅行の計画について話をしていたら、急に彼女の機嫌が悪くなりました。『怒ってる？』と聞くと『怒ってない』と言うのですが、どこからどう見ても怒っているんです」

そして、彼は地雷を踏んでしまいました。

妻の「怒ってない」という言葉のほうを受け止めて、

「なら、よかった。それで旅行なんだけどさ……」

と会話を続けたのです。すると、彼女は、

「私、旅行なんて行かないから」

と突然、席を立ちました。

「なんだ。やっぱり怒ってるんじゃん。なんで怒ってないって言ったの？」

「だから怒ってないって言ってるでしょ！　とにかく旅行は行かないから」

と言ってテレビをつけ始めました。

彼もイライラして、

第一感情の例

疲労感（過度な仕事による心理的な消耗感）

憂鬱感（自尊心や向上心などが失われ、やる気が起きない）

悲しみ（自分にとって大切なものが失われた）

不安（先行きが不透明で将来に期待がもてない）

罪悪感（自分の失敗によって後悔や自責の念を感じる）

羞恥心（他人からネガティブな評価を受ける）

怒り（他人の言動、考え方が許せない）

恐れ（目の前の脅威に臆している）

嫉妬（自分になく、他人にあるものが妬ましい）

羨望（自分になく、他人にあるものが羨ましい）

「なんだよ。おまえのようなよくわからない女とはオレだって旅行なんて行きたくない」と言うと、

「だからあなたはクソ最低なのよ」

と怒って寝室に閉じこもってしまったそうです。

彼女がどうしてイライラし、怒ってしまったのか。それは私にもわかりません。

でも、もしかすると女性は、旅行以前に自分にもっと関心をもってもらいたかったのかもしれません。

旅行の計画よりも、一緒にいる時間を楽しみたかったのかもしれませんし、何か聞いてほしいことがあったのかもしれません。自分の気持

ちを「見ればわかるでしょ！　いちいち聞かないで」と察してほしかったのかもしれません。

あるいは心配事や悲しい出来事など、彼とは関係ない部分でネガティブな感情を抱えていたのかもしれません。前ページの図のように、イライラの後ろには、何か別の感情があります。パートナーがいきなり怒り出したときは、そう考えて自分ペースで話を進めず、時間をとるなどしたほうが賢明です。

古典的だが「書き出し」は効く

誰かと揉め事が起きたとき、片方だけが悪いということは、まずあり得ません。どんなにひどいことを言われたとしても、そのきっかけや理由があるはずです。それは夫婦も同じ。もし、妻に何かトゲのあることや、イヤミなことを言われたとします。そうしたら、「なぜこんなことを言うのだろう」とまず考えてみましょう。それによって自分の置かれた状況を客観的に整理できますし、溜め込むストレスも軽減されます。

「それは違う」と思うときもありますが、「そういうこともあるかもしれないね」とか、「ああ、なるほど」とか、相手の言い分をいったん認める言い方をします。

そして、いったんその場から離れたり、日を改めたりします。

いま起きた問題は何か、登場人物は誰か、自分はどんな発言をしたか、そのときの態度はどうだったか、どんな行動をとったのか、最終的に、現在自分がやるべきことはなんだと思うか、考えます。おすすめは、ノートやモバイルに書き出すことです。そうすると、さっと頭のなかが整理されて、「なぜ妻はそういう発言をしたのか」自分のなかに思い当たることが浮かんだり、次の話し合いで妻に提案したいことなどが出てくることも多いものです。

書くという行為には不明確なものを明確にする力があるのです。

第7章

妻の機嫌を損ねたら

CAに学ぶ「妻への神対応」

お互いに少しだけ気遣いをすればいいものの、夫の性格によっては的外れな気遣いをして、かえって妻をイラつかせてしまうこともあるかもしれません。

では、どうすることが妻にとって気遣いがある印象に当てはまるのか、その参考になる面白い記事を読みました。

一日に何百人というお客様との出会いがあるCA（キャビンアテンダント）の女性たちが、「このお客様、素敵だな」と思ってしまうふるまいというものがあるそうなのです。妻におべっかを使う必要はありませんが、「女性はこういうことがうれしいのか」という部分を知っておくと、相手に思いが伝わるコミュニケーションができると思います。

①目を見てあいさつをしてくれる

②手荷物を率先して棚に収納し、周りで困っている方も助けてくださる
③依頼の仕方が丁寧
④読み終わった新聞や雑誌はすぐに返す
⑤周囲の人にも心遣いを忘れない
⑥食事のあとがきれい
⑦食事がご希望に沿えなかったときも気持ちよく快諾してくれる
⑧ＣＡがミスをしたときに、気持ちを軽くしてくれるようなフォローをくださる
⑨降りたあとがきれい

女性は「お姫様扱い」されたい

いかがでしょうか。こうしてみると、女性が神対応だ！　と感じる男性の振る舞いは、「感じのよさ」「さりげない心配り」「謙虚さ」「懐の大きさ」というところではないかと思います。

私は、これを見て女性はいつまでもお姫様扱いをしてほしいものなのだな、と思いました。お姫様扱いというと、チヤホヤするイメージがある人も多いと思いますが、ここでのお姫様扱いとは、妻が夫から「大切にされている」「守られている」「意識されている」と実感できるという意味です。

すぐさま、この通りになんてできないかもしれませんが、目を見てあいさつをすることや、妻が高い棚にあるものを取ろうとしたり、電球を取り替えようとしていたらさっと代わってあげたりすると、彼女のなかのお姫様が喜んで、あなたの株もぐんと上がるでしょう。

「大きな耳、小さな口、優しい目」で話を聞く

男性は特に、仕事をしていると「小さな耳、大きな口、険しい目」になりがちです。「小さな耳」とは人の話を聞きにくくなること。「大きな口」とは自分の意見ばかり言うこと。「険しい目」とは人の短所や失敗を探すことです。

ですが、パートナーとの関係で必要なのは「大きな耳、小さな口、優しい目」です。「大きな耳」とはじっくりと話を聞くこと。小さな口とは自分の意見を控えること。「優しい目」とは相手の長所を探そうとすることです。

仕事でもプライベートでも最後まで話を聞くことはとても大切です。

特に女性は、話すことがストレス解消にもなるとお伝えしましたね。途中で遮られることは、せっかくのストレスリリースの機会を奪うことにもなります。

話の内容は聞くまでもないことだったとしても、「最後まで聞いてくれる」と相手に思ってもらうことも大切です。

そんな小さな積み重ねが、夫婦の信頼関係を築いていきます。

パートナーの話を聞いたら、ちょっと違うのかなと思っても、それは口にせずにまずは受け止めることです。発言を文句扱いしてしまうのはタブーです。それは相手を傷つけることになります。

さらに「そんなこと言うけどあなただってこうじゃないか」というのは悪い反応です。YOUを主語にすると相手は責められたように感じます。


研修や講演でこんなワークをすることがあります。まず、褒め言葉を書き出してもらいます。たいてい、「素晴らしい」「すごい」「頑張っているよね」などが挙がります。こうした誉め言葉に、「I」をつけて話してもらいます。「私は素晴らしい」「私はすごい」「私は頑張っているよね」といった具合です。なんだかちょっとおかしいですね。

主語を「YOU」にしてみたらどうでしょうか？「あなたは素晴らしい」「あなたはすご

い」「あなたは頑張っているよね」となります。自然な言葉です。

つまり、褒めるときの主語は「YOU」。叱るときの主語は「I」が自然なのです。「YOU」が主語になってしまうと、「(あなたは)こうしなさい！」と責められるように感じます。「I」を主語にして、「私はこうしたほうがうまくいくと思う」といった、あくまでも「それはあなたの意見ですね」と感じられる述べ方は、かえって人を動かすものです。

話を聞いてあげると妻は元気になる

一見、話をしているほうがエネルギーを発しているようですが、エネルギーを与え、相手を元気にしているのは聞いているほうです。

あなた自身のこと、あるいはあなたの話に興味をもってくれて、じっくりと話を聞いてくれたとしたら、とてもうれしいとは思いませんか。

そのとき、相手はあなたに大きなエネルギーを与えてくれています。そんな人がいたら、大事にしたいと感じるでしょうし、これからも良好な関係を続けていきたいと思うでしょう。

私の親友でとてもよく人の話を聞く男がいました。彼は自分が話している最中でも、誰かが話し始めるとピタッと自分の話をやめて耳を傾けていました。そのため彼はとても人気がありました。

話をきちんと聞くというのは「あなたのことを理解しようとしている」というサインです。自分のことをわかってくれない、わかろうとしない相手と一緒にいるのは誰しもイヤなのです。

だからこそ、あなたも妻の話を聞くことで、相手にたくさんのエネルギーを与えてあげてください。話しているほうは、どんどん元気になっていくはずです。

これこそギブの精神です。

話が下手で、コミュニケーションが苦手だと思っている人は、その考えをいまここで改めてください。何も、自分から話をする必要はありません。相手の目を見て笑顔で話を聞けばいいのです。妻が心地よく話せる人となったとき、妻にとって、あなたは魅力的で、貴重な存在となっているでしょう。

男もかわいげが必要。かわいげがある男は素直で喜び上手

私は男女問わず、パートナーに対する「かわいげ」は、あったほうがよいと思っています。

私の知り合いに、スタッフが女性だけの会社の女性経営者がいました。あるとき部下に、「かわいげは女性としてもっていてほしいと思っている」という話をしたところ、「社長、かわいげってなんですか？」と質問されて答えに窮してしまいました。

すると、彼女は私に「かわいげってどう説明したらいいと思う？」と聞いてきました。

私は熟考して、「かわいげとは素直さと相手の心を投影した行為」と答えました。

たとえば、先輩社員が普段から「わからないことがあるなら聞けばいいのに」と思っていたとします。そういうときに後輩が「この件わからないので教えてもらっていいですか？」と聞いてきたとしたら「かわいげがある」と感じるでしょう。

わからないことは「わからない」、教えてほしいことは「教えてほしい」と言えることも「かわいげ」の一つです。

また、かわいげとは一般的には女性に使われますが、私は男性にも必要だと思っています。「うちの妻はすっかりかわいげもなくなった……」と思っているかもしれませんが、それはあなたも「かわいげ」がないのかもしれません。大概、妻の気になる部分は自分の投影だったりする。つまり自分もかわいげのない振る舞いを彼女にしているかもしれないということです。

では妻にとって夫のかわいげとはどのようなものでしょうか。

ある知人の女性が、会話のなかで旦那さんのことを「うちの夫、ああ見えてかわいいんですよ」と表現したことがありました。私は彼女の旦那さんとも面識がありますが、ラグビー選手のような精悍《せいかん》なタイプで、失礼ですが「かわいい」という感覚はわきませんでした。

そこで、女性が男性をかわいいと思うときってどういうときなのですか？　と質問してみたのです。すると、彼女は「夫に関していえば、ごはんのときに『おいしい』『うまい』とうれしそうに必ず言う。散歩ついでに新しいコーヒーショップに立ち寄ったりしただけで『楽しいね』と言ってきたり。素直に感情表現をするところかな」と言っていました。

彼女の夫はポジティブな感情表現を外に表すことが上手なのでしょう。努めてそうしているのか、もともとの性格なのかまではわかりませんが、「うれしい」「楽しい」「いいね」「ありがとう」というプラスの感情は、どんどん相手に伝えていくのも妻とのコミュニケーションを円滑にするコツの一つです。

妻との仲を好転させる言葉

昔から優れた人は言葉を上手に使ってきました。
それは「言葉」が「現実」をつくるということを知っているからです。
言葉は感情マネジメントには欠かせません。

人は言葉を食べて成長します。自分自身が発する言葉、他人が発する言葉に、人は気づかないうちに影響を受けています。

自分が使っている言葉、周囲の人が使っている言葉にも注意深く意識を向けてみると、とても興味深い事実が見えてきます。

まず、運のいい人、あるいは自ら運命を切り開いている人は、プラスの言葉を発しています。

たとえば突然パートナーに「部屋の掃除を今日中にやってほしい」と言われたとします。

そのとき、あなたは心のなかでどんな言葉を発するでしょうか。「イヤだな」「面倒だなあ」という言葉を発するでしょうか。

それとも、「よし、たまには体を動かしてみるか」「できるところから順番に片付けていこう」と言うでしょうか。

プラスの言葉を発していると、物事が好転するようになり、結果もともなってきます。

反対に「無理だ」「できない」とマイナスの言葉を発すればイライラして、おそらくその言葉通りの結果をもたらすでしょう。

言葉には人生（未来）を変える力があります。

ある初老の女性からこんなことを聞いたことがあります。

この人は旦那さんが出かけるときに「気をつけていってらっしゃい」と言わないそうです。それは「気をつけてと言われると、相手が不安な気持ちになるから」だそうです。

この女性は「いってらっしゃい。よい一日を」とプラスに置き換えるようにしています。

私も息子が学校へ出かけるときには「今日も一日楽しんで！」と言って送り出します。寝るときには「いい夢見ろよ！」と言っています。子どもは私に「パパ愛してるよ。いい夢見てね」と言ってくれます。


一方で、怒ってしまったときや、落ち込んでしまったときのために「魔法の呪文《じゅもん》」をあらかじめ用意しています。

「魔法の呪文」は唱えることで、自分を勇気づけたり、納得させたりすることができます。

イライラや怒りの種類に応じて、あらかじめ魔法の呪文を用意しておくと、いざというときに便利です。
たとえば非常に難しい状況になってイライラしてしまうような場合に備えて、

- きっといい方法があるはずだ
- きっと神様が私を試しているにちがいない
- キレたら負け。落ち着け
- 人生なんて思った通りにいかないことの連続。これもそのうちの一つか
- これはちょうどいい

などを用意しておくのです。
そして、イライラしたり、怒ってしまいそうなときにつぶやいてみます。
そうすると感情系が優位になっていた脳が、思考系優位に戻ってくるのです。
私自身がよく使っている魔法の呪文が、「これはちょうどいい」です。

イライラするような出来事が起きたら、あえて「これはちょうどいい」と頭に浮かべたり、つぶやいたりします。

人間の脳は不思議なことに「ちょうどいい理由」を探し始めます。あなたも試してみてください。

妻の反応が悪いときにかける言葉

人は努力が報われないときにイライラしやすいものです。そんなときに使える魔法の呪文もあります。

● 努力は報われない。でも努力を続けないと奇跡は起きない

- 毎日の積み重ねが必ず実を結ぶ
- 人生に無駄なし
- いつか、どこかで、必ず報われる
- 確かな一歩の積み重ねでしか遠くへは行けない

また、パートナーの反応が悪かったり、意に反した反応があった場合には、「きっと何か理由があるはずだ」と唱えます。

「盗人にも三分の理を認めよ」と言われます。これは泥棒にも盗みをしなければならない理由が三分くらいはあるということです。目の前の相手の言動にもそれなりの理由があるのです。

パートナーの言動にイライラした場合、どうしてそのような行動や発言をしたのかを考えましょう。

自分なりに覚えがあるなら、「いまの発言には、この前のあのことが関係しているのかな」と聞いてみましょう。わからなかったら、「どうしてそんなことを言うの?」と理由を聞いてみましょう。

放っておくと相手もイライラが溜まっていきますから、その前に原因を摘《つ》み取っておくのです。


また、落ち込むくらいの失敗をして、自分にイライラすることもあるでしょう。そういうときには、「過ぎ去ればすべて過去……」「忘れることは神様が与えてくれたプレゼントだ」がおすすめです。

こうしたスキルを普段から何気なく使っている人は多いでしょう。私の知り合いには失敗したときに「ドンマイ」「ネクストチャンス」などと言う人がいます。

何気なくやっていることを、意識して使い始めると強力な武器になります。

言葉はお金がかかりません。誰の許可もいりません。

自分次第でコントロールできるものです。

言葉は使い方によって魔物にもなるし、強力な武器にもなります。私は最近セミナーでこんな話を冗談半分、真面目半分でしています。

「最近妻に対してイラッとしたときに、自分に投げかけている言葉があります。それは『愛とはパートナーのすべてを受け入れること』です。そう自分に言い聞かせて生きています」

会場に詰めかけた多くの男女は、にこやかに笑いながらもうなずいてくれています。

ここで一つ、言葉を変えたことで大きな変化があった実例をご紹介します。

私のクライアントの社長さんなのですが、数年間、業績の横ばい状態が続いていました。そこで社長さんが講じた策は、「会社で『ご苦労さま』『お疲れさま』と言うことを禁止する」というものでした。

「会社は、苦労をしに来たり、疲れるために来るところではない」というのがその理由でした。

その結果どうなったかというと、見事に会社の業績は向上。言葉にはそれだけ影響力があるのです。

妻の「明るい顔、明るい声」を生むもの

起業してしばらくした頃、思うような業績が上げられず、悩んでいた時期があります。社内を見渡しても、社員に元気がなく活気が感じられません。

ふらりと街に出ました。

渋谷のカフェでどうすれば業績が上がるのか、社員を元気づけるにはどうしたらいいかと考えていました。でも、解決策がまったく思い浮かびませんでした。

途方に暮れて駅の階段を降りているとき、「社長」と声をかけられました。

以前、私の会社で働いてくれていた女性スタッフでした。

気心の知れたスタッフで、私も弱っていたせいか、カフェで現状を説明して気持ちを吐露すると、

「失礼だけど、いまの嶋津社長には誰も付いていかないと思います」

と言われました。

「『私がいちばん悩んでいます。私は一生懸命考えています。私は頑張っているのに部下はまったく動きません』。そんなメッセージが全身からバリバリ出ていますよ」

正直慰めてくれるのかと少し期待していたのですが、痛いところを突かれました。何をしていいのかわからなかったのですが、とにかく元気を出すことから始めてみようと思いました。

ナチュラルな感じだった前髪を、近くのビルのトイレに入って、ドラッグストアで買ったムースとブラシで整えました。そして早足でオフィスに戻り、大きな声で「お疲れさん」と皆に声をかけました。

つまり、体の使い方を変えたのです。

心によい影響、悪い影響を与える体の使い方

○	×
頭を上げる	頭を垂らす
胸を張る	肩を落とす
背筋をまっすぐに伸ばす	背中を丸める
深呼吸をする	呼吸を浅くする
腹に力を入れる	声を弱々しくする（あいさつ）
相手の目をまっすぐに見る	
力強く話す（あいさつ）	

これですぐに会社の業績が急上昇したわけではありませんが、体の使い方を意識し始めると、少しずつ会社の雰囲気がよくなっていきました。

- プラスの感情をもちたければ、まず態度から改めること
- 胸を張って、大きな声であいさつすること
- 明るい顔、明るい声は幸せを呼んでくる

そうしたことの大切さを学んだ出来事でした。

実は駅の階段を降りているときに「社長」と声をかけてくれた女性は、現在私の妻になっています。私にとっては大恩人ということになります。私の話をきちんと聞いてくれる力、状況

をきちんと判断してくれる力、私に率直に意見してくれる力、すべて彼女の大きな長所です。

妻と何かあるたびに、私はこのことを思い出します。するとたいていのイライラはすぐに収まってしまいます。

つい怒りが引っ込む「奥の手」

セミナーで参加者の発表が終わると、必ず「お互いの発言を承認する意味で、みなさん拍手をお願いします」と言って拍手してもらいます。

その後「体の使い方」の話になったとき、「このセミナーではポイント、ポイントで拍手し合いました。それはなぜだと思いますか？」と尋ねます。

拍手はどういうときにしますか？　反対にどういうときにはしませんか？

ムカつきながら拍手をする。悲しくて拍手をする。落ち込んで拍手をする。

そんな人はいないでしょう。もしするとしたら自分の感情に反して意図的に拍手をしているのです。

基本的に拍手は「おめでとう」とか「頑張れ」とか、ポジティブなときにするものです。

セミナーでは、私は拍手によって参加者の状態管理をしています。拍手をすることでポジティブな気持ちになるのです。

スキップも同じです。スキップしながら怒ったり泣いたりできません。スキップも基本的にポジティブな感情のときにやるものです。

心のあり方は行動に影響を及ぼしますが、逆に、行動が心のあり方に影響を及ぼすこともあるのです。
落ち込んだり、苦しいと思ったり、つらいときや、悲しいと思ったときにその感情をコントロールするために、体をプラスに使うことが大切です。
私はセミナーに立つ前に、できるだけ自分の状態をよくするために一人で拍手をしてから登壇しています。テンションが上がらないときは、ガッツポーズを取ります。

チームスポーツではゲーム前に円陣を組んで声をかけ、手を合わせます。高校野球ではピンチのときにマウンドに集まり、意識的に笑顔をつくって会話をしています。こうしてパフォーマンスの向上を図っています。

自分にとって元気が出るポーズがあなたにもあるはずです。ものすごくうれしいことがあったと想像してみてください。飛び上がるほどうれしいことがあったとき、あなたはどんなふうに表現しますか？　「ヤッター」とバンザイするかもしれませんし、「ヨシッ」とガッツポーズをとるかもしれません。

ちょっと気分が傾きかけたり、落ち込んだときは、意識的にそのポーズをしてみるのです。感情がともなっていなくてもかまいません。自分がポジティブな感情でいっぱいのときにするポーズがきっかけになり、気持ちが上向く。少なくとも落ち込みに歯止めがかかる作用があります。これはアンカーポーズといって、心理学などで用いられる手法の一つでもあります。

タダなのに効果絶大な「お土産」

よく帰宅時に「今日は仕事が大変だった」ことを伝えたくて、わざと《心に悪い影響を与える体の使い方》する人がいます。おそらく妻から「どうしたの?」「何かあったの?」と弱気な気持ちをなぐさめてもらいたい、優しい言葉をかけてもらいたいのだと思いますが、なかなかうまくはいきません。

むしろ男女関係にとってはマイナスです。

なぜならイライラは周囲に伝染するという性質をもっているからです。

あなたがイライラしていることで、周りの人もイライラするようになります。

たとえば、あなたがイライラすると恋人、配偶者、家族がイライラするようになります。

職場でもそうです。経験があるのではないでしょうか。上司がイライラしていると、部下は気を使いますし、オフィス全体の空気がギスギスします。

ですから、多くの人の前で遅刻者の吊るし上げをしたり、失敗した人を叱責《しっせき》するようなことはよくないのです。

怒りの空気が職場中に広がり、怒られた本人のみならずみんなの仕事が手につかなくなるのです。

だからこそ私はイライラを家庭にもち込まないと決め、帰宅したときに、妻や子どもにできるだけポジティブな表情や態度を見せるよう心がけています。

ですが直前にイヤな出来事があると《心に悪い影響を与える体の使い方》をしていると

きがあります。

私も、あるときマンションのエレベーターの鏡に映った自分の姿を見て愕然《がくぜん》としたことが何度かありました。

テンションが低いときは玄関の前で一生懸命テンションを上げます。そのために《心によい影響を与える体の使い方》をします。

マンションのエレベーターのなかで体を整え、歌を歌ったり、口笛を吹いたりします。ポジティブな言葉も使ってみます。そうすると「ただいま」の第一声が明らかに違ってきます。

すると妻や子どもも元気に「おかえり」と言ってくれます。

イライラはイライラを呼びますが、反対に明るい空気は明るさを呼びます。マイナスな空気はもち帰らない、できるだけプラスの空気をもち帰ることを心がけるだけで、パートナーとの関係は変わるでしょう。


あなたはあいさつの本当の意味を知っていますか。

あいさつとは漢字で「挨拶」と書きます。「挨」という字は「開く」という意味で、「拶」には「迫る」という意味があります。つまり、あいさつとは「心を開いて相手に迫る行為」です。「こんにちは」「おはようございます」「いらっしゃいませ」などのあいさつをするのは、自分の心を開いて、「あなたと仲良くしたい」という思いを伝えるためです。迫るという言葉の通り、相手に一歩近づくように声をかけるのが本当のあいさつです。

謙遜はいらない

日本人は近くにいる人のことをネガティブに受け取りやすい傾向があります。そして、謙遜《けんそん》の感情をともないながらそれを口に出します。たとえば、

「素敵な奥さんですね」

「いや、そんなことないんですよ。ぜんぜん気が利かなくて」

「素敵な旦那さんね」

「外面がいいだけよ。家ではグータラなんだから」

などと、謙遜の気持ちもあって、マイナスの情報を発信してしまいます。あるとき海外の友人に、

「なぜ日本人は大切なパートナーや家族のことを悪く言うんですか。自分の国では信じられないことです。絶対にやめたほうがいい」と言われたことがありました。

言われてみればそうです。パートナーや子どもが褒められたら「ありがとう」と答えればいいのです。

それから友人や知人がパートナーや家族について話すのを注意深く聞いてみたのですが、確かにマイナスの情報を発信していることが多いのです。

私も知らないうちに、妻のやることや言うことをネガティブに受け取っているかもしれないと思って、あえてポジティブに受け取る訓練を始めました。いま妻とのコミュニケーションでは、彼女の言うことを極力ポジティブに受け取るように意識しています。

たとえ、悪い言葉であったとしても、「これはポジティブに受け取るとしたら、どんな受け取り方になるだろう」と頭のなかで整理し、「もしかしたら、別の気持ちで言ったのかもしれない」などと受け取り直しています。前述した「妻の反応が悪いときはこんな言葉を」という項目も参考にしてみてください。

WORK

パートナーのいいところを見つける
〜はじめは腰が重いが、意外と書ける

紙と鉛筆を用意して、相手のよい部分を50個、書き出してみましょう。

いっぺんに書くのは無理でしょう。たとえば一日1個ずつ、相手のことを見ていて気づいたことを書いてみます。

たとえば「朝食においしいごはんをつくってくれる」「お疲れさまと笑顔で出迎えてくれ

る」「ビールを冷やしておいてくれる」などと振り返ってみましょう。

昔のことでもよいので、思い出したり、気づいたことなどを書き残しておけば、やがて50個書くことができます。

1週間に一つずつ書いていったとしても、1年あれば完成します。


できあがると素敵な宝物になります。

これを時々見返します。特にイライラしたときにはこれを見ながら、いろいろなことを思い出します。すると、

「なんでいま、こんなにイライラしているんだろう」と思うかもしれません。

妻が私の長所を50個ピックアップしてくれたことがあります。

「記念日を大切にしてくれる」

「常に見ていてくれる」

「努力家である」

などと50個もの私の長所を挙げてくれたのです。

これは本当にうれしかったです。

私も「妻への感謝が薄らいできたのではないか」と思うことがあり、反省の意味をこめて、妻の長所を50個挙げてみました。

正直、50個挙げるのは大変でした。でも、妻のいいところを見直すきっかけになったと思います。妻がしてくれている「当たり前」に目を向けることができて、改めて感謝しました。書いたあとは、ケンカをしても、「彼女にはこんないいところもあるんだから……」とつぶやいたりしています。そして、「これから長い付き合いなんだから仲良くしよう」という気持ちになりました。

これは、夫婦はもちろん、姑《しゅうとめ》、子ども、仕事仲間などあらゆる人に対して有効です。

ある女性の夫はいつも姑の肩をもちます。それが妻のイライラの種になっています。そこで「頑張って」夫のよいところを書いてみることにしました。

●細かいことに気づく

お互いの長所を50個書き出してみる

妻が書いてくれた私の長所50個

1. 物事をよく考える／ 2. 平等である／ 3. 相手のことを中心に考える／ 4. 冷静／ 5. 歌がうまい／ 6. バランスを保つのが上手／ 7. 清潔／ 8. 几帳面／ 9. 正しく考え行動する／ 10. 計画性がある／ 11. 食事に気をつけ野菜中心の食生活／ 12. 感謝の気持ちを人に伝える／ 13. 怒らない／ 14. 人の話をよく聞く／ 15. 有言実行する／ 16. 時間をつくって運動を心がけている／ 17. 歯医者に 6 か月に一度検診に行く／ 18. 人を喜ばすことが上手／ 19. 愚痴をこぼさない／ 20. 噂話をしない／ 21. 親思いである／ 22. 優しい／ 23. 努力家である／ 24. 常に前向きに考える／ 25. 時間に正確である／ 26. 夫婦の記念日を必ずやってくれる／ 27. 年に一度プレゼントをくれる／ 28. 年に三回くらい海外旅行に連れてってくれる／ 29. 夜遅くなる場合は必ず連絡をまめにくれる／ 30.DVD 予約はすべてやってくれる／ 31. 食事がなかった場合、イヤな顔せずに対応してくれる／ 32. 何かあった場合、すぐに相談してくれる／ 33. コミュニケーションをとるように努力してくれる／ 34. 実家にまめに帰るように時間をつくる／ 35. 時間が空いたらお墓参りに行く／ 36. 無駄遣いをしない／ 37. 常に見ていてくれる／ 38. 褒めるのがうまい／ 39. カッコつける／ 40. やらなくてはならないことはその日のうちにやる／ 41. 運転が上手／ 42. 情報入手するのが早い／ 43. 勉強家である／ 44. 些細なことほど解決することを考える／ 45. 仕事ができる／ 46. 安心して見ていられる／ 47. 信用信頼がもてる人だ／ 48. 心が広い／ 49. アイデアをたくさんもっている／ 50. 考え方が自由で広い

私が書いた妻の長所50個

1. 靴を磨いてくれる／ 2. ご飯をつくってくれる／ 3. 掃除をして家をいつもきれいにしてくれる／ 4. 一緒に家でお酒を飲んでくれる／ 5. 洗濯を溜めずにすぐしてくれる／ 6. 健康に気を使って健康診断を年に一回受けてくれる／ 7. 散財しない／ 8. 明るい／ 9. 冬には寝る前に布団乾燥機をかけて温めておいてくれる／ 10. シーツを定期的に替えて清潔にしてくれる／ 11. 小言を言わない／ 12. 仕事を好きにさせてくれる／ 13. 仕事を手伝ってくれる／ 14. 美人／ 15. スタイルがいい／ 16. 親を大切にしている／ 17. 姉妹の仲がいい／ 18. 人に気遣いができる／ 19. テニスやジムで健康に気を使っている／ 20. 言いにくい厳しい指摘をしてくれる／ 21. 一緒に飲みに出かけてくれる／ 22. デートしてくれる／ 23. お風呂を沸かしてくれる／ 24. いつも後回しにせず茶碗を洗って台所をきれいにしてくれる／ 25. 何か問題が起きたら話し合ってくれる／ 26. お墓参りに定期的に行ってくれる／ 27. 車の運転がうまい／ 28. 方向感覚に優れている／ 29. 朝、玄関で見送ってハグをしてくれる／ 30. 朝、窓を開けて空気の入れ替えをしてくれる／ 31. トイレをいつもきれいにしてくれる／ 32. いつも笑顔でいてくれる／ 33. 何かあったら相談してくれる／ 34. 字がうまい／ 35. 優しい／ 36. 子どものバスケの送り迎えをしてくれる／ 37. 子どもを愛してくれている／ 38. 子どもが寝付けないと一緒に寝てくれる／ 39. 愚痴を言わない／ 40. 平日夜遅く帰っても気持ちよく迎えてくれる／ 41. 一緒に買い物をして服や持ち物を選んでくれる／ 42. やっている仕事を認めてくれている／ 43. 褒めてくれる／ 44. 友人・知人に旦那の愚痴を言わない／ 45. ビールを冷やしておいてくれる／ 46. 必要な時お弁当をつくってくれる／ 47. 何でも食べる（好き嫌いがない）／ 48. 美的センスがある／ 49. 家で口数が少ない僕の代わりにいろいろ話をしてくれて助かる／ 50. 話を遮らないで聞いてくれる

- 弱いものに対して優しい
- 受けた恩を返そうという気持ちがある

などが挙がりました。女性はこんな話をしてくれました。

「見方を変えれば、それだけ『愛されて育った人なのだ』ということに気づきました。愛情深い家庭で育ったから、誰に対しても優しい気持ちをもっているし、それを具体的な行動で表してくれます。その父親の姿を息子は見ています。息子も彼に似て、母親を大事にしてくれる人に育つと思います。そうなると私はとてもうれしいですね」

目の前の事実は同じでも、考え方次第でハッピーになるのです。

妻の笑顔は家族に波及する

イライラして気難しい顔をしている人と、上機嫌にニコニコしている人。あなたが、一緒にいたいと思うのはどちらですか？

パートナーがイライラしていると、「こんな人と一緒にいるのはごめんだな」と思うのですが、自分がイライラしているときには「優しく声をかけてもらいたい」と思う。それが人間です。

相手の立場に立って見ると上機嫌にニコニコしている人でいたいものです。

上機嫌にニコニコしている人は、「一緒にいたい」と思われます。その人の実力がどうであれ、「一緒に仕事をしたい」「一緒に遊びたい」と思われます。

すべての人間の感情は共鳴し合うものです。

上機嫌は上機嫌を呼び、不機嫌は不機嫌を呼びます。イライラはイライラを呼び、怒りは怒りを呼ぶのです。

笑顔は、人生にプラスに作用します。

自分の人生を振り返ると、笑顔のおかげでさまざまなチャンスに恵まれてきました。

ＫＫＤマネジメントをしていた頃は、仕事中、眉間に皺を寄せ、部下に対して厳しい視線を送ってきました。そういう方法でしかマネジメントをする術《すべ》を知らなかったのです。

それでも、業務時間が終われば部下とも笑顔で接していました。

自分で言うのも変ですが、私は周りの人から「笑顔がいい」と言われます。「醸し出す雰囲気がとっつきやすい」「話しやすい」とも言われます。

これは私にとってラッキーなことでした。気軽に話しかけてもらえたために、いろいろな人と出会え、いろいろな情報が入ってきました。

それがビジネスの成功につながったこともありました。素晴らしい人にめぐり会えたこともありました。

笑顔のおかげで、いろいろなチャンスに恵まれたのです。笑顔を心がけるようになったのには理由があります。

私は大学時代、飲食店でアルバイトをしていました。そのとき普通に接客しているつもりでしたがバイトの先輩から「ニヤニヤしている」と言われてすごく傷つきました。自分の笑顔を封印し無表情になりました。そのときは周囲から「能面」と呼ばれていたほどです。

しかし、働き始め営業していたとき、赤坂のある会社の社長が、私に言ってくれたことがあります。

「うちの会社には、営業マンが毎日ひっきりなしに来るけれど、モノを買ったのは嶋津君だけだ。なぜだかわかるかね。君は事務所に入ってきたときの笑顔がとてもよかった。この人の話を聞いてみたいと思わせる力が君の笑顔にあった」

私はそれから笑顔を大切にするようになりました。

家庭でもそうです。妻に言葉をかけるとき、特に「ありがとう」を伝えるときは笑顔をつくるようにしています。

おわりに

感情マネジメントのセミナー講師としての経験を踏まえて、結婚式でする話があります。

「私の経験からお二人にお話をさせていただきますと、旦那様には旦那様の思いや考え、育ってきた環境があり、奥様には奥様の思いや考え、育ってきた環境があります。いま旦那様は理想の奥様像、理想の家族像を描いていることでしょう。奥様も同様に理想の夫像や理想の家族像を描いていることでしょう。

でも結婚後に、理想像とは違うパートナーに対し、

- なんで、あなたはこういうふうにできないの？
- なんで、こういうことをやってくれないの？

●なんで、こういうことができないんだ？

と思ってイライラしたり、口に出してケンカになることがあるでしょう。言葉に出して、自分の希望を伝えるのはいいことです。

でも、お互いの思いや考えを押し付け合ってはいけません。夫はこうやってくれなきゃおかしい、妻はこうじゃなきゃおかしいと思って結婚生活を送ると危険です。

結婚したと同時に、夫婦共通の価値観を積み上げていくことが大切です。自分の思いや考え、相手の思いや考えがそれぞれあるのはいいことです。でも、二人の人間である以上、思いや考えは二つなのです。

それを押し付け合わず、擦り合わせ、夫婦共通の価値観をつくることが幸せのコツだと感じます」

私は一度しかない人生を幸せだと感じられるものにしたいと心の底から思っています。

臨終の間際に、「いい人生だった」と思いたいのです。だから自分の幸せについて深く考えるようになりました。

私は若い頃、自分の幸せの形が曖昧《あいまい》でした。そのときは、自分だけが幸せになることを考えていました。イライラ、ムカムカすることやアンハッピーな出来事を一つでもなくそう、排除してしまおうという発想でした。

ですがより真剣に考えると、周囲を幸せにしていかないと、自分は幸せにならないと気づきました。

心理学者のアドラーは「人間の幸福は他者との関連性でしかあり得ない」と言っています。私は「幸せは自分から始まり、他者への貢献で終わる」と考えています。

簡単な言葉で言えば、周囲から「ありがとう」と感謝されることで人間は幸せになります。そうなると、いちばん身近な存在であるパートナーが幸せでいることが大切です。周りに対する思いやりをもったり、優しさをもったりすることができます。

その第一歩として、ヨーロッパ人に倣《なら》って「男性を男性として扱う」「女性を女性として扱う」ことから始めてみませんか。

簡単にできることは、「パパ」「ママ」「お父さん」「お母さん」という属性で呼ぶのではなく名前で呼ぶことです。私はどんなときでも妻のことを名前で呼んでいます。

人は起きている時間の80％は人と関わっていると伝えました。

リアルでのコミュニケーションのほかに、メールやＬＩＮＥ、ＳＮＳなどさまざまなツールを使ったコミュニケーションも頻繁に行われます。

恋人、夫婦など特別なパートナーはお互いに最も身近な存在であり、自分が幸せになるための鍵を握る相手です。お互いがハッピーでいるためにどうしたらいいのかを話し合っていく必要があります。

そのためにも私は「お互いがハッピーじゃないと、ハッピーにはならない」ことを妻と共有し「お互いがハッピーになっていこう」と常々言っています。

長い人生を俯瞰《ふかん》してみると、夫婦が揃って二人とも「心身ともに絶好調」という時間のほうが少ないのです。

健康状態、仕事の問題、親の問題など、いろいろとあります。

二人いれば問題の数は物理的には2倍になります。でも精神的には一人で対処するときの半分くらいの軽さになります。

私はそれが結婚の素晴らしさ、パートナーがいることの有難さではないかと思います。

あなたもそのことにもっと感謝したほうがいいでしょう。お互いが不調なとき、トラブルが起きたときにいかに協力できるかが大事です。

自分が幸せになると、周りも幸せになる

イライラや怒りは伝染しやすいという性質があります。自分がイライラしないで済むためには、近くにいる誰かが抱えているイライラのもとを消してあげることが大切です。

本編でも繰り返しお伝えしましたが、妻がイライラしているのなら、いちばんいいのは、やはり話を聞いてあげることです。

ある日、妻と食事をしながら、子どもの幸せ、自分の幸せ、家族の幸せなどについて話

をしました。そのとき妻が「最近もやもやしていることがある」と言い出しました。

どうやら「ママ友」との会話のなかで、「子どもの幸せと自分の幸せの両立はできるのか」という話題になったようです。

そこで私は、自分なりの考え方を話しました。

「自分が幸せでない人間は、人を幸せにできないと思う。だから、子どもの幸せの前に自分の幸せを考えるといいんじゃないかな」

子どもの幸せのためにいろいろやったとしても、そのとき自分自身がイライラしていたら、それでは本当の意味では、子どもの幸せにはなりません。イヤイヤやっていることは子どもに伝わるからです。

イヤイヤやっていれば、ちょっとしたことで怒ってしまうこともあるでしょう。

両親は子どもにとっていちばんの存在です。特に子どもはいつもそばにいる母親の様子を見ています。母親がハッピーなその姿を見ているからこそ、子どももハッピーになれるのです。

すると彼女は、「まず自分が幸せになるというのは、自分勝手に生きていることにはならないだろうか」と聞いてきたので、私は「違うと思う」と答えました。

私は自分が幸せになることを考えていますが、自分だけが幸せになることを考えているわけではありません。


自分が幸せになるためには必ず人の協力が必要です。

会社経営は一人でやっているわけではないし、人生も一人で生きているわけではありません。

自分が幸せになるには、絶対に人の力が必要です。

自分が幸せになるためにどうしたらいいかと考え始めると、不思議ですが、人に対する貢献心も生まれてくるし、人をハッピーにしなければ自分が幸せになれないことがわかってきます。そんな経験を話しながら、

「自分の幸せを中途半端に考えるから迷いが生じる。だから、自分の幸せとは何かを真剣に考えて、そのためにどうしたらいいか、どういう人とお付き合いしたらいいか、どう

いうコミュニティに飛び込んだらいいかなどと考えていったらいいと思う」

と言いました。

妻は「すごくすっきりした」と、とても喜んでくれました。

本田宗一郎氏は、

「自分の喜びを追求する行為が、他人の幸福への奉仕につながるものでありたい」

P・F・ドラッカー氏は、

「他の人間をマネジメントできるなどというのは証明されていない。しかし、自らをマネジメントすることは常に可能である。そもそも自分をマネジメントできない者が、部下や同僚をマネジメントできるはずがない。他の人間をマネジメントすることは主として、自分が模範となることによって行うことができる」

と言っています。

人々に貢献しなきゃいけないと言いますが、それによって自分が不幸せになったら本末転倒です。

人の役に立つことを考える前に、まずは自分の幸せのあり方を真剣に考える。その結果、不思議ですけれど、自分が幸せになるために、必ず人に対して貢献していかなければいけないということに気づきます。

すると自分もハッピーになるし、自分の周囲の人もどんどんハッピーになっていきます。

パートナーのイライラのなかに、夫や子どもの幸せのために、自分が犠牲になっているという気持ちがあることがあります。

先日もある主婦の方から、

「旦那は仕事にかこつけて飲みに行ったりできていいですよね。私なんか子どもの世話と炊事、洗濯で一日が終わってしまう。まるで家政婦です」

と言われました。

子どもの世話や家事が大切なのはわかりますが、自分の幸せを犠牲にする必要はありません。

もしかしたら、あなたの奥さんは、育児・家事をやっているのだから、自分の幸せなんか考えてはいけないと思ってはいませんか？　あなたが幸せになるためには、妻にももっと自分自身の幸せを真剣に考えてみてもらう必要があると思います。

いますぐに、とはいかないかもしれませんが、二人の幸せのためには、自分の幸せを考えることは避けて通れない道なのです。

男性にとって女性は永遠の謎。逆もしかり。それは古来言われていることですね。ではなぜ、私たちはそもそも謎だらけの相手を理解したいのか。

それはすべての人が幸せになることを望んでいるからです。人間関係において相手を理解し、理解されたいと思うのは自然なこと。そこに愛情が伴えばなおさらです。

周囲の人が幸せにならないと、自分も幸せにはなれない、とお伝えしてきましたが、人の幸福は、他人を理解し、理解してもらうことに深く結びついているのだと思います。

そもそも思った通りにいかないのが人生です。

でも一つでも思った通りにいかせるために頑張るから人生は面白い。そう考えられないでしょうか。

私の信条は「楽しみながら生きること」です。

「楽しむために生きる」のはイヤなのです。なぜなら「楽しむために生きる」というのは、つらいことや苦しいことに耐えるという感じがするからです。

いつか幸せにではなく、いま幸せな暮らしがしたい。

人生は一度きりなのでつらいことや苦しいことも含めて、楽しみながら生きるという考えのほうが好きです。

ネガティブなことも楽しんでしまったほうが、結局、自分がハッピーになれます。これは恋愛というファンタジーの世界では経験することが難しく、結婚というリアリティの世界だからこそ得られる黄金の果実なのです。

うまくいかないから、うまくいくよう頑張ろうと思うし、うまくいかないことがあるから、うまくいっていることが輝くのです。

【著者プロフィール】

嶋津良智（しまづ・よしのり）

教育コンサルタント、一般社団法人日本リーダーズ学会代表理事、リーダーズアカデミー学長、早稲田大学エクステンションセンター講師。

大学卒業後、IT系ベンチャー企業に入社。同期100名の中でトップセールスマンとして活躍、その功績が認められ24歳の若さで最年少営業部長に抜擢。就任3ヶ月で担当部門の成績が全国ナンバー1になる。

その後28歳で独立・起業し代表取締役に就任。翌年、縁あって知り合った2人の経営者と新会社を設立。その3年後、出資会社3社を吸収合併、実質5年で52億の会社にまで育て、2004年5月株式上場(IPO)を果たす。

2005年、「教える側がよくならないと『人』も『企業』も『社会』もよくならない」と、次世代を担うリーダーを育成することを目的とした教育機関、リーダーズアカデミーを設立。講演・研修などを通して、教える側（上司・親・教師など）の人達にアドバイスをおこなう。2007年シンガポールに拠点を開設し、グローバルリーダーの育成にも取り組む。

2012年から始めた「感情マネジメントが、どう人生や仕事の成果に影響を及ぼすのか」をテーマにした、「怒らない技術～人生・仕事の成果を劇的に変えるアンガーマネジメントのススメ」や、親子関係の改善により、自信を持って自分の才能を伸ばせる子どもの育成を目的としたセミナー「おこらない子育て」が好評を博し、日本、シンガポール、タイ、インドネシアなどアジア主要都市で開催する。

2013年、日本へ拠点を戻し、一般社団法人日本リーダーズ学会を設立。リーダーを感情面とスキル面から支え、世界で活躍するための日本人的グローバルリーダーの育成に取り組む。

主な著書としてシリーズ100万部を突破しベストセラーにもなっている『怒らない技術』『怒らない技術2』『子どもが変わる 怒らない子育て』『マンガでよくわかる 怒らない技術』『マンガでよくわかる 子どもが変わる 怒らない子育て』『男と女の怒らない技術』などの「怒らない技術」シリーズ、『不安をなくす技術』（すべてフォレスト出版）、『あたりまえだけどなかなかできない　上司のルール』『目標を「達成する人」と「達成しない人」の習慣』(ともに明日香出版社)、『だから、部下がついてこない！』（日本実業出版社）などがあり、著書は累計150万部を超える。

本書は、2018 年 5 月に小社から刊行された『男と女の怒らない技術』を改題および大幅に再編集したものです。

編集協力／林美穂
帯・本文デザイン／三森健太（JUNGLE）
DTP ／山口良二

なぜ、突然妻はキレるのか?

2020 年 3 月 22 日　　初版発行

著　者　嶋津良智
発行者　太田　宏
発行所　フォレスト出版株式会社
〒 162-0824 東京都新宿区揚場町 2-18　白宝ビル 5F
電話　03 - 5229 - 5750（営業）
03 - 5229 - 5757（編集）
URL　http://www.forestpub.co.jp

印刷・製本　中央精版印刷株式会社

ISBN978-4-86680-807-9　Printed in Japan

Forest
2545
Shinsyo